博雅国际汉语精品教材
北大版长期进修汉语教材

博雅汉语听说·初级起步篇 II

Boya Chinese
Listening and Speaking (Elementary) II

李晓琪　主编
张文贤　编著

图书在版编目(CIP)数据

博雅汉语听说. 初级起步篇. Ⅱ/张文贤编著. —北京：北京大学出版社，2019.9
北大版长期进修汉语教材
ISBN 978-7-301-30643-7

Ⅰ.①博… Ⅱ.①张… Ⅲ.①汉语—听说教学—对外汉语教学—教材 Ⅳ.①H 195.4

中国版本图书馆CIP数据核字（2019）第167798号

书　　名	博雅汉语听说·初级起步篇Ⅱ
	BOYA HANYU TINGSHUO·CHUJI QIBU PIAN Ⅱ
著作责任者	张文贤　编著
责任编辑	唐娟华
标准书号	ISBN 301-978-7-30643-7
出版发行	北京大学出版社
地　　址	北京市海淀区成府路205号　100871
网　　址	http://www.pup.cn　　新浪微博：@北京大学出版社
电子信箱	zpup@pup.cn
电　　话	邮购部 010-62752015　发行部 010-62750672　编辑部 010-62767349
印 刷 者	北京大学印刷厂
经 销 者	新华书店
	889毫米×1194毫米　大16开本　19.75印张　480千字
	2019年9月第1版　2019年9月第1次印刷
定　　价	98.00元

未经许可，不得以任何方式复制或抄袭本书之部分或全部内容。
版权所有，侵权必究
举报电话：010-62752024　电子信箱：fd@pup.pku.edu.cn
图书如有印装质量问题，请与出版部联系，电话：010-62756370

前　言

"听、说、读、写"是第二语言学习者必备的四项语言技能，全面掌握了这四项技能，就能够实现语言学习的最终目标——运用语言自由地进行交际。为实现这一目的，自20世纪中后期起，从事汉语教学工作的教材编写者们在综合教材之外，分别编写了听力教材、口语教材、阅读教材和写作教材，这对提高学习者的"听、说、读、写"四项语言技能起到了至关重要的作用。不过，由于各教材之间缺乏总体设计，各位编者各自为政，产生的结果就是教材主题比较零散，词汇和语言点数量偏多，重现率偏低。这直接影响到教学效果，也不符合第二语言学习规律和现代外语教学原则。21世纪以来，听说教材和读写教材开始出现，且以中级听说教材和中级读写教材为主，这是教材编写的新现象。

本套系列教材突破已有教材编写的局限，根据语言教学和语言习得的基本原则，将听力教学和口语教学相结合，编写听说教材9册，将阅读教学和写作教学相结合，编写读写教材6册，定名为《博雅汉语听说》《博雅汉语读写》系列教材。这是汉语教材编写的一次有益尝试。为保证教材的科学性和有效性，在编写之前，编者们多次研讨，为每册教材定性（教材的语言技能性质）、定位（教材的语言水平级别）和定量（教材的话题、词汇和语言点数量），确保了教材设计的整体性和科学性。这符合现代外语教材编写思路和原则，也是本套教材编写必要性的集中体现。相信本套教材的出版，可为不同层次的学习者（从初级到高级）学习和掌握汉语的听说、读写技能提供切实的帮助，可为不同院校的听说课程和读写课程提供突出语言功能的成系列的好用教材。

还要说明的是，早在2004年，北京大学对外汉语教育学院的一些教师已经陆续编写和出版了《博雅汉语》综合系列教材，共9册。该套教材十余年来受到使用者的普遍欢迎，并获得北京大学2016年优秀教材奖。2014年，该套教材根据使用者的需求进行了修订。本次编写的《博雅汉语听说》《博雅汉语读写》系列教材与《博雅汉语》综合教材成龙配套，形成互补（听说9册与综合9册对应，读写6册分为初、中、高三个级别，也与综合教材对应）和多维度的立体结构。无论是从教材本身的体系来看，还是从出版的角度来说，同类系列汉语教材这样设计的还不多见，《博雅汉语》和《博雅汉语听说》《博雅汉语读写》系列教材的出版开创了汉语教材的新局面。

本套教材（听说系列、读写系列）的独特之处有以下几点：

1. 编写思路新，与国际先进教学理念接轨

随着中国国际地位的提高，世界各国、各地区学习汉语的人越来越多，汉语教学方兴未艾，编写合适的汉语系列教材是时代的呼唤。目前世界各地编写的汉语教材数量众多，但是很多教材缺乏理论指导，缺乏内在的有机联系，没有成龙配套，这不利于汉语教学的有效开展。国内外汉语教学界急需有第二语言教学最新理论指导的、有内在有机联系的、成龙配套的系列教材。本套系列教材正是在此需求下应运而生，它的独到之处主要体现在编写理念上。

第二语言的学习，在不同的学习阶段有不同的学习目标和特点，因此《博雅汉语听说》《博雅汉语读写》系列教材的编写既遵循了汉语教材的一般性编写原则，也充分考虑到各阶段的特点，较好地体现了各自的特色和目标。两套教材侧重不同，分别突出听说教材的特色和读写教材的特色。前者注重听说能力的训练，在过去已有教材的基础上有新的突破；后者注重读写能力的训练，特别重视模仿能力的培养。茅盾先生说："模仿是创造的第一步。"行为主义心理学也提出"模仿"是人类学习不可逾越的阶段。这一思想始终贯穿于整套教材之中。说和写，都从模仿开始，模仿听的内容，模仿读的片段，通过模仿形成习惯，以达到掌握和创新。如读写教材，以阅读文本为基础，阅读后即引导学习者概括本段阅读的相关要素（话题、词语与句式），在此基础上再进行拓展性学习，引入与文本话题相关的词语和句式表达，使得阅读与写作有机地贯通起来，有目的、有计划、有步骤、有梯度地帮助学生进行阅读与写作的学习和训练。这一做法在目前的教材中还不多见。

2. 教材内容突出人类共通文化

语言是文化的载体，也是文化密不可分的一部分，语言受到文化的影响而直接反映文化。为在教材中全面体现中华文化的精髓，又突出人类的共通文化，本套教材在教学文本的选择上花了大力气。其中首先是话题的确定，从初级到高级采取不同方法。初级以围绕人类共通的日常生活话题（问候、介绍、饮食、旅行、购物、运动、娱乐等）为主，作者或自编，或改编，形成初级阶段的听或读的文本内容。中级阶段，编写者以独特的视角，从人们日常生活中的喜怒哀乐出发，逐渐将话题拓展到对人际、人生、大自然、环境、社会、习俗、文化等方面的深入思考，其中涉及中国古今的不同，还讨论到东西文化的差异，视野开阔，见解深刻，使学习者在快乐的语言学习过程中，受到中国文化潜移默化的熏陶。高级阶段，以内容深刻、语言优美的原文为范文，重在体现人文精神、突出人类共通文化，让学习者凭借本阶段的学习，能够恰当地运用其中的词语和结构，能够自由地与交谈者交流自己的看法，能够自如地写下自己的观点和意见……最终能在汉语的天空中自由地飞翔。

3. 充分尊重语言学习规律

本套教材从功能角度都独立成册、成系列，在教学上完全可以独立使用；但同时又与综合教材配套呈现，主要体现在三个方面：

（1）与《博雅汉语》综合系列教材同步，每课的话题与综合教材基本吻合；

（2）词汇重合率在25%以上，初级阶段重合率在45%以上；

（3）语言知识点在重现的基础上有限拓展。

这样，初级阶段做到基本覆盖并重现综合教材的词语和语言点，中高级阶段，逐步加大难度，重点学习和训练表达任务与语言结构的联系和运用，与《博雅汉语》综合教材的内容形成互补循环。

配套呈现的作用是帮助学习者在不同的汉语水平阶段，各门课程所学习的语言知识（词语、句式）可以互补，同一话题的词语与句式在不同语境（"听说读写"）中可以重现，可以融会贯通，这对学习者认识语言，同步提高语言"听说读写"四项技能有直接的帮助。

4. 练习设置的多样性和趣味性

练习设计是教材编写中的重要一环，也是本套教材不同于其他教材的特点之一。练习的设置除了遵循从机械性练习向交际练习过渡的基本原则外，还设置了较多的任务型练习，充分展示"做中学""练中学"的教学理念，使学习者在已有知识的基础上得到更深更广的收获。

还要特别强调的是，每课的教学内容也多以听说练习形式和阅读训练形式呈现，尽量减少教师的讲解，使得学习者在课堂上获得充分的新知识的输入与内化后的语言输出，以帮助学习者尽快掌握汉语"听说读写"技能。这也是本套教材的另一个明显特点。

此外，教材中还设置了综合练习和多种形式的拓展训练，这些练习有些超出了本课听力或阅读所学内容，为的是让学习者在已有汉语水平的基础上自由发挥，有更大的提高。

综上，本套系列教材的总体设计起点高，视野广，既有全局观念，也关注每册的细节安排，并且注意学习和借鉴世界优秀第二语言学习教材的经验；参与本套系列教材的编写者均是具有丰富教学经验的优秀教师，多数已经在北京大学从事面向留学生的汉语教学工作超过20年，且有丰硕的科研成果。相信本套系列教材的出版将为正在世界范围内开展的汉语教学提供更大的方便，进一步推动该领域的学科建设向纵深发展，为汉语教材的百花园增添一束具有鲜明特色的花朵。

衷心感谢北京大学出版社的领导和汉语室的各位编辑，是他们的鼓励和支持，促进了本套教材顺利立项（2016年北京大学教材立项）和编写实施；是他们的辛勤耕作，保证了本套教材的设计时尚、大气，色彩及排版与时俱进，别具风格。

李晓琪
于北京大学蓝旗营

使用说明

《博雅汉语听说·初级起步篇Ⅱ》是《博雅汉语听说》系列教材的第二本，是初级听说教材。正如前言中所说，此套系列教材"充分展示'做中学''练中学'的教学理念"。本册教材在整体设计、话题选取、语言编写上均努力做到"好做""好练""好学"。本教材的话题贴近日常生活，涉及学生在生活中需要做的一些事情，比如第1课是"订一张机票"，第2课谈租房子等。课文中还巧妙结合了一些文化或者跨文化交际信息，比如第6课"参加学校社团"中谈到中国大学的社团，第18课"去打工"中谈到中国式简历以及面试。有些课文还融入了某些现代生活元素，比如第15课谈到"用手机买单"等。在语言方面，本教材尽量做到自然生动，接近真实口语。我们在编写时注意使用口语词汇、常用句式与话语的衔接手段。总之，本教材实用性很强，学生可以将课堂上学到的东西直接运用到实践中去。

本教材着重训练学生的听说技能，每课的主要板块分为：听说词语、听说短语、听说句子、听说一段话、综合练习等。每课从头至尾均是以练习的形式呈现，完全以学生为中心，从学生学习的角度出发，一步步引导学生从说出词语到逐步说出一句话甚至一段话。

"听说词语"板块的设计思路是从读出生词到理解生词的意思，再到能够将某些生词归入一定的类别，为词语扩展做好准备。"听说短语"着眼于学生易发生偏误的地方，将重点词语所在的语块作为一个整体进行训练，引导学生逐步说出短语。"听说句子"虽然目的在于训练学生说完整句，但我们有意将句子放在对话中对学生进行训练。"跟着录音大声朗读下面的句子"与"回答录音中的问题"其实是相关的两个练习，"跟着录音大声朗读"的句子基本为"回答录音中的问题"的答句（但问答顺序不是一一对应的）。为使词语与句子更为直观，我们还设计了"把听到的词语或句子的序号填到相应的图片下面，并大声朗读"这样的练习。每课的"听说一段话"为四段逐渐推进的小对话。这些对话实为每课的主课文，是每一课的核心，课文中所有的练习都是围绕它进行的。在掌握每一段小对话后就可以进入"综合练习"。"根据提示词语，复述听到的短文"将四段小对话综合起来，改为叙述体，以训练学生的成段表达能力。之后再要求学生根据题目具体要求，完成与主课文相关的交际性练习、主题报告、演讲等。每课的最后还列有与本课功能点相关的常用句子，以方便学生复习。

本教材采用阶梯式设计，按照词——短语——句子——对话、机械性练习——意义性练习——交际性练习、封闭性问题——开放性问题的顺序，由浅入深，循序渐进，先听后说，一步一个脚印地达到学习目的。这样的编写使得使用本书的师生也有更多的选择，教师可以根据学生实际水平灵活选用。比如学生水平较高，则可以越过词语、短语部分的训练，直接进入"听说一段话"。

本教材的教学进度一般掌握在每课 4 课时左右。为了节省课堂时间，给学生更多的机会练习听说，最好要求学生预习生词。

最后，需要说明的是，本教材与《博雅汉语·初级起步篇Ⅱ》配套使用也是非常方便的，为便于与《博雅汉语·初级起步篇Ⅱ》配套使用，本教材"词语"部分复现了其中的部分重点词语（复现词语用 * 标记）。

张文贤

目录

第 1 课　订一张机票 …………………………………………………………… 1

第 2 课　您有房子出租，是吗 …………………………………………………… 12

第 3 课　我丢了一个钱包 ………………………………………………………… 23

第 4 课　我在中国生活 …………………………………………………………… 33

第 5 课　在饭馆儿点菜 …………………………………………………………… 43

第 6 课　参加学校社团 …………………………………………………………… 53

第 7 课　去动物园 ………………………………………………………………… 63

第 8 课　一场篮球比赛 …………………………………………………………… 72

第 9 课　糟糕的一天 ……………………………………………………………… 82

第 10 课　你的旅行怎么样 ……………………………………………………… 91

第 11 课　做一个家常菜 ………………………………………………………… 101

第 12 课　搬进学校的宿舍 ……………………………………………………… 112

第 13 课　我叫"不紧张" ……………………………………………………… 122

第 14 课　实现理想 ……………………………………………………………… 132

第 15 课　我喜欢的咖啡厅 ……………………………………………………… 141

第 16 课　母校聚会 ……………………………………………………………… 150

第 17 课　我的假期 ·· 159

第 18 课　去打工 ·· 169

词语总表 ·· 179

第1课　订一张机票

听力录音

词语

1-1

1.	订	dìng	动	to book
2.	机票	jīpiào	名	airline ticket
3.	查*	chá	动	to check; to look up
4.	次*	cì	量	measure word (for train or airplane)
5.	接*	jiē	动	to meet; to welcome
6.	送*	sòng	动	to see sb. off
7.	晴*	qíng	形	sunny
8.	阴*	yīn	形	cloudy; overcast
9.	打折	dǎ zhé		to discount
10.	飞机*	fēijī	名	airplane
11.	护照	hùzhào	名	passport
12.	晚点*	wǎn diǎn		to be late; to be behind schedule
13.	机场*	jīchǎng	名	airport
14.	正点*	zhèngdiǎn	动	on time; punctually
15.	起飞*	qǐfēi	动	to take off
16.	需要	xūyào	动	to need
17.	航班*	hángbān	名	flight

1

18.	经济舱	jīngjìcāng	名	economy class
19.	头等舱	tóuděngcāng	名	first class
20.	父母*	fùmǔ	名	parents
21.	到达	dàodá	动	to arrive
22.	座位*	zuòwèi	名	seat
23.	原价	yuánjià	名	original price

听说词语

1-2

一 听录音，把下面词语的拼音写完整，标好声调，并大声朗读

1. d__ng（订）
2. ch__（查）
3. c__（次）
4. ji__（接）
5. s__ng（送）
6. q__ng（晴）
7. y__n（阴）
8. d__ zh__（打折）
9. f__ij__（飞机）
10. j__pi__o（机票）
11. h__ zh__o（护照）
12. w__n di__n（晚点）
13. j__ch__ng（机场）
14. zh__ngdi__n（正点）
15. q__f__i（起飞）
16. x__y__o（需要）
17. h__ngb__n（航班）
18. j__ngj__c__ng（经济舱）
19. t__ud__ngc__ng（头等舱）
20. f__m__（父母）
21. d__od__（到达）
22. zu__w__i（座位）
23. yu__nji__（原价）

第 1 课　订一张机票

 二　把听到的词语写在相应的图片下面，并大声朗读

1. _____

2. _____

3. _____

4. _____

5. _____

6. _____

 三　把听到的词语填到表中相应的位置，并大声朗读

天气
（tiānqì, weather）
── _____
── _____

时间
── _____
── 晚点

3

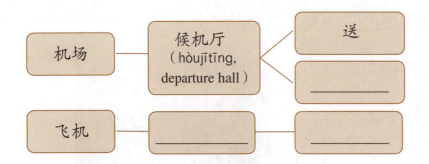

听说短语

一 听录音，把下面的短语补充完整，并大声朗读

1. _____父母
2. _____航班
3. _____飞机
4. _____孩子
5. _____起飞
6. 航班_____
7. 天气_____
8. _____机票

二 跟着录音大声朗读下面的短语

1. 查航班　　　订机票　　　打八折　　　送朋友
2. 正点起飞　　到达时间　　晚点十分钟　在机场接父母

三 听录音，把下面的句子补充完整，并大声朗读

1. 我想_____。
2. 这张机票原价1000元，现在_____，800元。
3. 我_____航班。
4. 飞机_____？
5. 这次航班_____。
6. 飞机_____。
7. 你可以到机场_____吗？

第1课　订一张机票

听说句子

 一　听句子，选择正确的回答，把答案填在括号里
1-8

1. （　）A. 我查一下儿　　B. 好的，什么时候的票　　C. 机票多少钱
2. （　）A. 五月一号　　　B. 两张　　　　　　　　　C. 从北京到上海的
3. （　）A. 晚点十分钟　　B. 下午三点　　　　　　　C. 都三点了
4. （　）A. CZ3065　　　　B. 这次航班还没到　　　　C. 三月十号
5. （　）A. 飞机　　　　　B. 是从北京来的　　　　　C. 机场出口

  二　把听到的句子的序号填到相应的图片下面，并大声朗读
1-9

（1）_____

（2）_____

（3）_____

（4）_____

三 跟着录音大声朗读下面的句子

1. 我送朋友。
2. 飞机上午十点起飞。
3. 这次航班晚点了。
4. 这几天一直是阴天。
5. 到达时间是下午三点半。
6. 我的飞机是晚上八点的。
7. 我想订一张去北京的机票。
8. 我要订经济舱。
9. 我在机场门口接你。

四 回答录音中的问题

  听说一段话

听录音，做练习

[第一段录音] 订机票

1. 听录音，选择正确答案

（1）安娜想订去哪儿的机票？（   ）
　　A. 北京　　　　　　　　B. 上海
　　C. 机场　　　　　　　　D. 火车站

（2）安娜想订哪天的机票？（   ）
　　A. 三月八号　　　　　　B. 三月十八号
　　C. 八月十三号　　　　　D. 八月三十号

2. 再听一遍录音，根据提示问题与词语复述这段对话

（1）安娜正在做什么？

（2）安娜想订什么时候去哪儿的机票？
（提示词语：订；……月……号；从……到……；机票）

[第二段录音] 查航班

1. **听录音，选择正确答案**

   （1）安娜想坐几点的飞机？（　　）

       A. 上午十点　　　　　　　B. 下午十点

       C. 中午十二点一刻　　　　D. 中午十二点

   （2）飞机几点到达？（　　）

       A. 上午十点　　　　　　　B. 下午十点

       C. 中午十二点一刻　　　　D. 中午十二点

   （3）航班号是多少？（　　）

       A. MU1560　　　　　　　B. UM5061

       C. UM6015　　　　　　　D. MU5106

   （4）这几天上海的天气怎么样？（　　）

       A. 晴天　　　　　　　　　B. 下雨

       C. 阴天　　　　　　　　　D. 天气很好

2. **再听一遍录音，根据提示问题与词语复述这段对话**

   （1）安娜的飞机几点起飞？几点到达？

   （2）上海的天气怎么样？

   （3）她的飞机会正点到达吗？

   （提示词语：起飞；到达；阴天；晚点）

[第三段录音] 确认机票

1. **听录音，选择正确答案**

   安娜订了什么座位？（　　）

       A. 经济舱　　　　　　　　B. 头等舱

2. **再听一遍录音，根据提示问题与词语复述这段对话**

   安娜订了一张什么样的机票？

   （提示词语：订；从……到……；起飞；到达；经济舱）

[第四段录音] 买机票

1. 听录音，选择正确答案

（1）安娜买机票花了多少钱？（　　）
　　A. 880元　　　B. 800元　　　C. 1000元　　　D. 1800元

（2）安娜买了几张机票？（　　）
　　A. 一张　　　B. 两张　　　C. 三张　　　D. 四张

（3）安娜给了售票员什么？（　　）
　　A. 钱　　　B. 护照　　　C. 钱和护照　　　D. 机票

2. 再听一遍录音，根据提示问题与词语复述这段对话

（1）从北京到上海的机票多少钱？打折以后呢？
（2）订机票的时候，需要什么？
　　（提示词语：从……到……；打折；护照）

综合练习

一　根据提示词语，复述听到的短文

订了……的机票	航班号	经济舱	起飞
到达	因为	所以	晚点
原价	打折	接	

二　请你和同学扮演不同的角色，完成下面的对话

（1）订一张机票

A：您好！
B：您好！我想订一张……。
A：您想去哪儿？
B：从……到……。
A：您想订哪天的机票？
B：……月……号。

（2）查航班

A：请问，您订几点的飞机？
B：我想订……起飞的。
A：请等一下儿，我查一下儿航班。……到达的航班可以吗？
B：可以。航班号是多少？
A：航班号是……。

（3）买机票

A：请问一张机票多少钱？
B：经济舱还是头等舱？
A：……。
B：一张经济舱的机票是……。
A：打折吗？
B：现在打……折，……元。
A：不太贵。我买一张。
B：请给我您的护照。
A：好，给您。
B：谢谢！这是您的……。请拿好！
A：谢谢！

三 根据机票信息，回答下列问题

1. 这是谁的机票？
2. 他去哪儿？
3. 他的机票是什么时候的？

4. 这个飞机的航班号是多少?
5. 他的座位号是多少?
6. 这是经济舱的机票还是头等舱的机票?
7. 他什么时候上飞机?
8. 他在哪个登机口（dēngjīkǒu, boarding gate）上飞机?

四 两个人一组，根据下面的信息编一段对话

安娜想去广州看她的朋友，所以她想订一张十月一日从北京到广州的机票。因为十月一日是节日（jiérì, festival），所以机票不打折。售票员告诉安娜，现在有七点二十起飞和九点起飞的机票。安娜觉得七点二十太早了，但是九点的航班没有经济舱的机票，安娜不知道应该买几点的机票了。

参考词语

| 订 | 机票 | 起飞 | 到达 | 经济舱 |
| 头等舱 | 正点 | 晚点 | 打折 | |

参考句式

从……到……　　……可以吗?　　……还是……?

五 对你的朋友讲一讲你坐飞机的经历，可以包括以下方面

1. 你坐的是从哪儿到哪儿的航班?
2. 航班号是什么? 几点起飞? 几点到达?
3. 你坐的是经济舱还是头等舱?
4. 机票多少钱? 原价多少钱? 打折后呢?
5. 订票时需要护照吗?
6. 飞机是否正点起飞和到达? 如果晚点了，为什么?

常用句子

1. 我想订一张从北京到上海的机票。
2. 你要头等舱还是经济舱?

3. 经济舱的机票打八折,原价1000元,现在800元。
4. 请给我您的护照。
5. 这次航班几点起飞?几点到达?
6. 天气一直是阴天,飞机会不会晚点?
7. 飞机正点到达。

第 2 课   您有房子出租，是吗

听力录音

词语

1.	房子*	fángzi	名	house
2.	出租	chūzū	动	to rent out
3.	离*	lí	动	to be away from
4.	近*	jìn	形	near; close
5.	套*	tào	量	a set of
6.	远*	yuǎn	形	far
7.	商店	shāngdiàn	名	shop
8.	先生*	xiānsheng	名	Mr.
9.	网上	wǎngshàng	名	on the internet
10.	房东	fángdōng	名	landlord
11.	满意*	mǎnyì	形	satisfied
12.	方便*	fāngbiàn	形	convenient
13.	房租*	fángzū	名	rent
14.	厨房*	chúfáng	名	kitchen
15.	周围*	zhōuwéi	名	around
16.	公寓*	gōngyù	名	apartment
17.	饭馆儿*	fànguǎnr	名	restaurant
18.	地铁站	dìtiězhàn	名	subway station

12

19.	洗衣机	xǐyījī	名	washing machine
20.	卫生间	wèishēngjiān	名	toilet
21.	搬*	bān	动	to move
22.	比*	bǐ	介	compare; than
23.	对*	duì	介	towards; for
24.	外面*	wàimiàn	名	outside
25.	租	zū	动	to rent
26.	地铁	dìtiě	名	subway

听说词语

一 听录音，把下面词语的拼音写完整，标好声调，并大声朗读

1. l__（离）
2. j__n（近）
3. t__o（套）
4. yu__n（远）
5. sh__ngdi__n（商店）
6. xi__nsh__ng（先生）
7. w__ngsh__ng（网上）
8. f__ngz__（房子）
9. f__ngd__ng（房东）
10. m__ny__（满意）
11. f__ngbi__n（方便）
12. f__ngz__（房租）
13. ch__f__ng（厨房）
14. zh__uw__i（周围）
15. g__ngy__（公寓）
16. f__ngu__nr（饭馆儿）
17. d__ti__zh__n（地铁站）
18. x__y__j__（洗衣机）
19. w__ish__ngji__n（卫生间）
20. b__n（搬）
21. ch__z__（出租）
22. b__（比）

23. du__（对） 24. w__imi__n（外面）

25. z__（租） 26. d__ti__（地铁）

 二　把听到的词语写在相应的图片下面，并大声朗读

2-3

1. _____ 2. _____ 3. _____

4. _____ 5. _____ 6. _____

 三　把听到的词写在相应的反义词旁，并大声朗读

2-4

1. 快 —_____ 2. 贵 —_____

3. 近 —_____ 4. 里 —_____

听说短语

 一　听录音，把下面的短语补充完整，并大声朗读

2-5

1. 住在学校_____ 2. _____地铁站很近

3. 房租_____别的房子便宜 4. 公寓比宿舍好_____了

5. 搬_____学校外面 6. _____房子很满意

第 2 课　您有房子出租，是吗

二　跟着录音大声朗读下面的短语

1. 一套公寓　　　　　在网上看到　　　　房租多少钱
   到学校多长时间　　走路十分钟

2. 离地铁站很近　　　周围有商店　　　　对房子很满意
   看房子　　　　　　和朋友一起住

三　听录音，把句子补充完整，并大声朗读

1. _____出租吗？

2. 我_____有房子出租。

3. 房租_____？

4. 住公寓比住宿舍_____。

5. 离地铁站_____？

6. 走路_____？

7. 我可以_____别人_____吗？

8. 公寓_____有什么？

9. 我对这个房子_____。

10. 什么时候_____？

听说句子

一　听句子，选择正确的回答，把答案填在括号里

1. (　) A. 三个月　　　　　　　B. 1500元
2. (　) A. 离学校有点儿远　　　B. 房东很好
3. (　) A. 邮局和商店　　　　　B. 厨房和卫生间

15

4. （　） A. 两点以后　　　　　　　　B. 两个人一起看
5. （　） A. 早点儿搬　　　　　　　　B. 搬到离地铁站近的地方了

二　把听到的句子的序号填到相应的图片下面，并大声朗读

（1）_____

房租：1500元/月　　房租：5000元/月

（2）_____

（3）_____

（4）_____

三　跟着录音大声朗读下面的句子

1. 我想找一套公寓。
2. 坐地铁二十分钟就到学校了。
3. 房租每个月4500元。
4. 公寓里有厨房和卫生间。
5. 我对这套公寓非常满意。
6. 公寓周围有商店和饭馆儿。
7. 我想找一个离地铁站近一点儿的公寓。

四　回答录音中的问题

第 2 课　您有房子出租，是吗

听说一段话

■ **听录音，做练习**

🎧 2-12

[第一段录音] 给房东打电话

1. 听录音，选择正确答案

（1）大卫为什么给李先生打电话？（　　）
　　A. 大卫想买房子　　　　　B. 大卫想找人
　　C. 大卫想卖房子　　　　　D. 大卫想租房子

（2）大卫是怎么知道有房子出租的？（　　）
　　A. 在网上看到的　　　　　B. 听朋友说的
　　C. 在公寓里看到的　　　　D. 听李先生说的

（3）大卫想找一个什么样的房子？（　　）
　　A. 一套公寓　　　　　　　B. 一个宿舍
　　C. 一间卧室　　　　　　　D. 与人合租

2. 再听一遍录音，根据提示问题与词语复述这段对话

大卫在做什么？

（提示词语：给……打电话；在网上；租；一套公寓）

🎧 2-13

[第二段录音] 公寓在哪儿

1. 听录音，选择正确答案

（1）公寓离什么很近？（　　）
　　A. 银行　　　　　　　　　B. 邮局
　　C. 地铁站　　　　　　　　D. 北大东门

（2）从公寓走路到北大要多长时间？（　　）
　　A. 三分钟　　　　　　　　B. 二十分钟
　　C. 三十分钟　　　　　　　D. 四十分钟

（3）公寓周围有什么？（　　）
　　A. 商店和银行　　　　　　B. 商店和饭馆儿
　　C. 地铁站和银行　　　　　D. 书店和饭馆儿

2. 再听一遍录音，根据提示问题与词语复述这段对话

（1）公寓在哪儿？

（2）住在这个公寓方便不方便？为什么？

（提示词语：离；地铁站；坐地铁；走路；周围；方便）

[第三段录音] 公寓里有什么

1. 听录音，选择正确答案

（1）公寓里没有什么？（　　）

  A. 厨房　　　　　　　　B. 卫生间

  C. 洗衣机　　　　　　　D. 洗衣房

（2）洗衣机在哪儿？（　　）

  A. 厨房里　　　　　　　B. 卫生间里

  C. 房间里　　　　　　　D. 洗衣房

（3）大卫什么时候可以看房子？（　　）

  A. 下个星期二下午两点　　B. 下个星期二下午三点

  C. 下个星期三下午两点　　D. 下个星期三下午三点

2. 再听一遍录音，根据提示问题与词语复述这段对话

（1）这套公寓怎么样？里面有什么？

（2）大卫对这套公寓满意吗？

（提示词语：厨房；卫生间；洗衣机；对……满意；看房子）

[第四段录音] 问房租

1. 听录音，选择正确答案

（1）房租每个月多少钱？（　　）

  A. 4000块　　　　　　　B. 3500块

  C. 3000块　　　　　　　D. 1000块

（2）李先生的房租和别的地方的房租比，怎么样？（　　）

  A. 比别人的房租贵多了

  B. 比别人的房租贵一点儿

  C. 比别人的房租便宜一些

  D. 比别人的房子便宜很多

（3）李先生说，如果大卫觉得房租有点儿贵，可以怎么做？（　　）
   A. 租别人的房子　　　B. 住在学校里
   C. 少给点儿房租　　　D. 与人合租

2. 再听一遍录音，根据提示问题与词语复述这段对话
（1）这套公寓的房租多少钱？
（2）这套公寓的房租和别的地方比，怎么样？为什么？
（提示词语：房租；和……比；……多了；舒服；一起住）

综合练习

2-16

一　根据提示词语，复述听到的短文

搬	给……打电话	公寓	离
坐地铁	周围	方便	厨房
卫生间	洗衣机	房租	和……一起租
对……很满意	看房子		

二　请你和同学扮演不同的角色，完成下面的对话

（1）给房东打电话
A：你好！请问是……吗？
B：对，我是……。哪位？
A：我是……，请问您那儿有房子出租吗？
B：你想找什么房子？
A：我想找……。

（2）问房子的位置
A：您的公寓在哪儿？
B：我的公寓离……很近。坐地铁……，走路……。
A：公寓的周围有什么？
B：公寓周围有……，非常方便。

（3）问房子里有什么

A：这套公寓里有什么？

B：公寓里有……。

A：有……吗？

B：……。

A：我对这套公寓很……。

（4）问房租

A：请问，房租……？

B：每个月……。

A：房租太贵了／比……贵多了。

B：如果觉得房租贵，你可以找一个人……。

三 比较一下儿这两个房子，用"比"说句子

地点：郊区

房租：10000元／月

房间：六个大房间
　　　一个大厨房
　　　两个卫生间

周围：没有地铁站和公共汽车站

地点：北京的胡同里

房租：1500元／月

房间：一个房间
　　　公用厨房和卫生间

周围：有地铁站和公共汽车站

_____

_____

_____

四 请你和同学根据下面的信息编一段租房子的对话。一个扮演房东,另一个扮演找房子的大学生。最后,请告诉老师这位大学生对这套公寓是否满意,为什么

	公寓信息	大学生的要求
位置	走路到地铁站十分钟	离地铁站近一点儿
房间	一个房间可以住两个人	和朋友一起住
设施	床、洗衣机、空调、电视、冰箱、厨房、卫生间	能洗衣服、做饭
周围	银行、饭馆儿、商店	买东西、吃饭方便
房租	4000元/月	3000元至5000元
看房时间	下午五点以后	下午

五 通过上网、调查等方法了解大学生想找什么样的房子,对房子有什么要求,为什么有这些要求,将调查结果填入表格并在班里汇报

汇报内容

调查项目	调查结果
租房位置	
房间设施	
周围环境	
房租价格	
看房时间	
满意程度	

常用句子

1. 我在网上看到您那儿有房子出租。
2. 公寓离地铁站远不远?
3. 这套公寓里有什么?
4. 公寓周围有什么?
5. 房租多少钱?
6. 什么时候可以看房子?
7. 我对这套房子很满意。

第 3 课 我丢了一个钱包

听力录音

词语

3-1

1.	丢	diū	动	to lose
2.	钱包	qiánbāo	名	wallet
3.	穿*	chuān	动	to wear
4.	先	xiān	副	first
5.	好像	hǎoxiàng	副	as if
6.	跑步	pǎo bù		to run
7.	刚才	gāngcái	名	just now
8.	样子*	yàngzi	名	appearance
9.	头发*	tóufa	名	hair
10.	眼睛*	yǎnjing	名	eye
11.	个子*	gèzi	名	height
12.	衬衫*	chènshān	名	shirt
13.	左右*	zuǒyòu	名	about
14.	操场*	cāochǎng	名	playground
15.	联系*	liánxì	动	to contact
16.	牛仔裤*	niúzǎikù	名	jeans
17.	拾到者	shídàozhě	名	finder

23

18.	寻物启事	xúnwù qǐshì		Lost and Found
19.	书包	shūbāo	名	schoolbag
20.	着*	zhe	助	indicating the continuation of a state
21.	里面*	lǐmiàn	名	inside; interior
22.	长*	zhǎng	动	to grow
23.	背*	bēi	动	to carry on the back
24.	照片*	zhàopiàn	名	photo

听说词语

3-2

一 听录音，把下面词语的拼音写完整，标好声调，并大声朗读

1. di__（丢）
2. chu__n（穿）
3. xi__n（先）
4. h__oxi__ng（好像）
5. p__o b__（跑步）
6. qi__nb__o（钱包）
7. g__ngc__i（刚才）
8. y__ngz__（样子）
9. t__uf__（头发）
10. y__nj__ng（眼睛）
11. g__z__（个子）
12. ch__nsh__n（衬衫）
13. zu__ y__u（左右）
14. c__och__ng（操场）
15. li__nx__（联系）
16. ni__z__ik__（牛仔裤）
17. sh__d__ozh__（拾到者）
18. x__nw__ q__sh__（寻物启事）
19. sh__b__o（书包）
20. zh__（着）
21. l__mi__n（里面）
22. zh__ng（长）
23. b__i（背）
24. zh__opi__n（照片）

第3课　我丢了一个钱包

二 把听到的词语写在相应的图片下面，并大声朗读

1. _____　　2.  _____　　3.  _____

4.  _____　　5.  _____　　6.  _____

三 从方框中选择合适的词语描述图片中男孩儿的样子以及带的东西。每句话可以用方框里的一个或者两个词语描述

男孩儿	女孩儿	先生	小姐
双	支	本	条件
黑色	红色	蓝色	黄色
头发	眼睛		
衬衫	裤子	书包	鞋

例如：这是一个男孩儿，他长着黄色的头发。

听说短语

一 听录音，把下面的短语补充完整，并大声朗读

1. 穿_____一条牛仔裤
2. _____什么样子
3. 五十块钱_____
4. 一_____衬衫
5. 一_____裤子
6. 一_____钱包
7. 找_____它

二 跟着录音大声朗读下面的短语

1. 写一个寻物启事　　有五六十块钱　　是在操场丢的　　穿着蓝色的衬衫
2. 下午五六点钟　　　别着急　　　　　和我联系　　　　写好了

三 听录音，把下面的句子补充完整，并大声朗读

1. 钱包里面_____。
2. 我的钱包_____。
3. _____！我帮你找找。
4. _____丢了书包。
5. 拾到者请_____。
6. _____写好了。
7. 你是在操场_____吗？

第 3 课　我丢了一个钱包

听说句子

 一　听句子，选择正确的回答，把答案填在括号里

1. （　）A. 我的钱包　　　　　　B. 快帮我找找
2. （　）A. 昨天下午　　　　　　B. 操场上
3. （　）A. 下午五六点钟　　　　B. 明天下午
4. （　）A. 书包里面有几件衣服　B. 书包上面有一朵花儿
5. （　）A. 写寻物启事　　　　　B. 给我打电话

 二　把听到的句子的序号填到相应的图片下面，并大声朗读

（1）_____

（2）_____

（3）_____

（4）_____

 三　跟着录音大声朗读下面的句子

1. 我丢了一个钱包。
2. 他的个子不太高，眼睛大大的。

3. 拾到者请给我打电话。
4. 钱包里面有钱，两百块左右。
5. 我是在操场跑步的时候丢的钱包。
6. 我穿着白色的衬衫，蓝色的牛仔裤。

四 回答录音中的问题

听说一段话

听录音，做练习

[第一段录音] 钱包丢了

1. 听录音，选择正确答案

（1）大卫在做什么？（　　）

A. 找钱　　　　　　　　　　B. 找包

C. 找钱包　　　　　　　　　D. 在操场跑步

（2）大卫的钱包可能是什么时候丢的？（　　）

A. 去操场的时候　　　　　　B. 跑步的时候

C. 和张红聊天儿的时候　　　D. 找东西的时候

2. 再听一遍录音，根据提示问题与词语复述这段对话

（1）大卫发生了什么事情？

（2）张红让大卫做什么？

（提示词语：钱包；丢；是……的；跑步；去……找找）

[第二段录音] 写寻物启事

1. 听录音，选择正确答案

（1）张红要怎么帮助大卫？（　　）

A. 写寻物启事　　　　　　　B. 让别人帮大卫找钱包

C. 去操场帮大卫找钱包　　　D. 去跑步的时候帮大卫找钱包

（2）大卫是什么时候去的操场？（   ）
    A. 上午五点   B. 上午五六点
    C. 下午五点   D. 下午五六点

2. 再听一遍录音，根据提示问题与词语复述这段对话
寻物启事上写什么？
（提示词语：钱包；操场；是……的）

[第三段录音] 钱包里面有什么

1. 听录音，选择正确答案
（1）钱包里面没有什么？（   ）
    A. 钱   B. 机票
    C. 照片   D. 寻物启事

（2）那张照片上是谁？（   ）
    A. 大卫   B. 大卫的女朋友
    C. 大卫和女朋友   D. 大卫的爸爸妈妈

2. 再听一遍录音，根据提示问题与词语复述这段对话
（1）大卫的妈妈长什么样子？
（2）大卫的爸爸长什么样子？穿着什么？
（提示词语：头发；眼睛；比；穿着；一件；一条）

[第四段录音] 拾到钱包

1. 听录音，选择正确答案
（1）拾到者怎么还给大卫钱包？（   ）
    A. 和大卫见面   B. 给张红
    C. 送到教室   D. 给大卫打电话

（2）大卫的电话是多少？（   ）
    A. 62279586   B. 62779586
    C. 62779886   D. 62778586

2. 再听一遍录音，根据提示问题与词语复述这段对话

如果有人拾到钱包，应该怎么做？

（提示词语：打电话；电话是……）

综合练习

一　根据提示词语，复述听到的短文

丢	好像	是……的	操场
没找到	……里面有……	……左右	一张
照片上	头发	眼睛	穿着
一件	一条	联系	

二　你的钱包丢了，请和同学一起想办法找钱包，完成下面的对话

（1）你是怎么丢的钱包

A：我的钱包好像丢了。

B：你是……的？

A：……。（时间）

B：在哪儿丢的？

A：……。

B：别着急，你可以先去……找找。

A：好吧。

（2）写一个寻物启事

A：怎么办？我没找到我的钱包。

B：那我们写个……吧，让大家帮你……。

A：好！怎么写寻物启事？

B：寻物启事上要写……。

A：好！还有吗？

B：……。

A：我的钱包是……色的，上面有……，里面有……。

（3）拾到者怎么和你联系

A：哦，对了。拾到者怎么和你联系？
B：他可以……。
A：好，写好了！
B：谢谢你帮我！
A：……！

三 大卫丢了书包，下面的图片是书包的样子，请你帮大卫写一个寻物启事。寻物启事可以包括下面几个方面

1. 书包是什么时候丢的？
2. 书包是在哪儿丢的？
3. 书包是什么样的？
4. 书包里面有什么？
5. 拾到者应该怎么联系大卫？

四 请拿出一样东西给老师，比如钱包、书包、本子等等。交给老师后，闭上眼睛，由老师把这些东西放在教室不同的地方。然后你告诉同学你的什么东西丢了，这个东西什么样，里面有什么，请同学帮你一起找

常用句子

1. 我的钱包好像丢了。
2. 我的钱包可能是在跑步的时候丢的。
3. 钱包里面有五十块钱左右。

4. 钱包里有我的照片。我黄头发，穿着一件蓝色的衬衫。
5. 我们先去操场找找吧。
6. 我们先写个寻物启事吧。
7. 拾到者怎么和你联系？

第 4 课 我在中国生活

听力录音

词语

4-1

1.	生活	shēnghuó	动	to live
2.	像	xiàng	动	to resemble; to be like
3.	粥	zhōu	名	porridge
4.	河流*	héliú	名	river
5.	一样*	yíyàng	形	same; as...as
6.	师傅	shīfu	名	sir; worker
7.	地道*	dìdao	形	authentic
8.	早餐	zǎocān	名	breakfast
9.	包子	bāozi	名	steamed stuffed bun
10.	堵车	dǔ chē		to be stuck in a traffic jam
11.	发达*	fādá	形	developed
12.	汽车*	qìchē	名	car
13.	以前*	yǐqián	名	before
14.	上班*	shàng bān		to go to work
15.	上学*	shàng xué		to go to school
16.	哪里	nǎli	代	a way to show modesty
17.	麻婆豆腐	mápó dòufu		stir-fried beancurd in hot sauce

33

18.	汉堡包	hànbǎobāo	名	hamburger
19.	哎呀	āiyā	叹	oh, my God
20.	严重	yánzhòng	形	serious
21.	最近*	zuìjìn	名	recently
22.	比如说*	bǐrúshuō	动	for example
23.	到处*	dàochù	副	everywhere

专有名词

1.	唐人街	Tángrén Jiē		China Town
2.	四川	Sìchuān		Sichuan (a province of China)
3.	加拿大	Jiānádà		Canada

听说词语

4-2

一 听录音，把下面词语的拼音写完整，标好声调，并大声朗读

1. xi__ng（像）
2. zh__u（粥）
3. h__li__（河流）
4. y__y__ng（一样）
5. sh__f__（师傅）
6. d__d__o（地道）
7. S__chu__n（四川）
8. z__oc__n（早餐）
9. b__oz__（包子）
10. d__ ch__（堵车）
11. f__d__（发达）
12. q__ch__（汽车）
13. y__qi__n（以前）
14. sh__nghu__（生活）
15. sh__ng b__n（上班）
16. sh__ng xu__（上学）
17. n__l__（哪里）
18. m__p__ d__uf__（麻婆豆腐）

第 4 课　我在中国生活

19. Ji__n__d__（加拿大）　　20. T__ngr__n Ji__（唐人街）

21. h__nb__ob__o（汉堡包）　　22. __iy__（哎呀）

23. y__nzh__ng（严重）　　24. zu__j__n（最近）

25. b__r__shu__（比如说）　　26. d__och__（到处）

二　把听到的词语写在相应的图片下面，并大声朗读

1. _____　　2. _____　　3. _____

4. _____　　5. _____　　6. _____

听说短语

一　听录音，把下面的短语补充完整，并大声朗读

1. _____河流一样

2. 一年_____一年多

3. _____都是汽车

4. 来中国_____

5. 大卫＿＿＿＿玛丽汉语说得好

6. ＿＿＿＿坐地铁，＿＿＿＿骑自行车，还＿＿＿＿开车

二 跟着录音大声朗读下面的短语

4-5

1. 说得不错　　　　哪里，哪里　　　　喝点儿粥
   发达的地铁　　　比较严重

2. 像中国人一样　　没有北京的地道　　比汉堡包好吃多了
   不太方便　　　　一年比一年多

三 听录音，把下面的句子补充完整，并大声朗读

4-6

1. 你的汉语＿＿＿＿＿＿＿＿＿＿＿＿＿＿＿＿。

2. ＿＿＿＿＿＿＿＿＿＿＿＿＿＿＿，我说得不好。

3. 我每天早上都＿＿＿＿＿＿＿＿＿＿＿＿＿＿。

4. 包子比汉堡包＿＿＿＿＿＿＿＿＿＿＿＿＿＿。

5. 我＿＿＿＿去饭馆儿＿＿＿＿点包子。

6. 唐人街的菜＿＿＿＿＿＿＿＿＿＿＿＿＿。

7. 北京的地铁＿＿＿＿＿＿＿＿＿＿＿＿＿。

8. 北京的堵车问题＿＿＿＿＿＿＿＿＿＿＿。

9. 开车的人＿＿＿＿＿＿＿＿＿＿＿＿。

10. 来中国以后，我＿＿＿＿＿＿＿＿＿＿＿＿。

第4课　我在中国生活

听说句子

一　听句子，选择正确的回答，把答案填在括号里

1. （　）A. 哪里，哪里　　　　　　　B. 我学了一年汉语
2. （　）A. 我是去年五月来的　　　　B. 我已经来了一年多了
3. （　）A. 那儿没有北京的地道　　　B. 吃中国菜就应该来中国
4. （　）A. 包子比汉堡包好吃多了　　B. 包子和汉堡包不一样
5. （　）A. 坐地铁不方便　　　　　　B. 有的坐地铁，有的开车

二　把听到的句子的序号填到相应的图片下面，并大声朗读

（1）_____

（2）_____

（3）_____

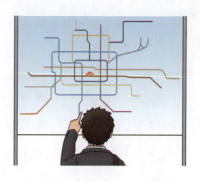

（4）_____

三　跟着录音大声朗读下面的句子

1. 我已经来了一年多了。
2. 地道的中国早餐有粥和包子。

3. 因为现在开车的人一年比一年多了。
4. 有的坐地铁,有的开车,还有的骑自行车。
5. 那儿的中国菜没有北京的地道。

四 回答录音中的问题

听说一段话

■ 听录音,做练习

[第一段录音] 在出租车上

1. 听录音,选择正确答案

(1) 玛丽要去哪儿?( )
    A. 北京   B. 北大
    C. 加拿大   D. 中国

(2) 玛丽是什么时候来北京的?( )
    A. 一年多   B. 今年五月
    C. 明年五月   D. 去年五月

2. 再听一遍录音,根据提示问题与词语复述这段对话
(1) 玛丽是谁?哪国人?
(2) 玛丽为什么来北京?她来中国多长时间了?
(3) 玛丽汉语说得怎么样?
(提示词语:北大;学习;去年;是……的;像……一样)

第4课　我在中国生活

[第二段录音] 中国的四川菜

1. 听录音，选择正确答案

（1）玛丽特别喜欢什么？（　　）
    A. 中国画　　　　　　　B. 汉语
    C. 唐人街　　　　　　　D. 中国菜

（2）玛丽觉得唐人街的中国菜怎么样？（　　）
    A. 种类多　　　　　　　B. 不好吃
    C. 很地道　　　　　　　D. 没有北京的中国菜地道

（3）玛丽去饭馆儿常常点什么菜？（　　）
    A. 山东菜　　　　　　　B. 美国菜
    C. 四川菜　　　　　　　D. 北京菜

2. 再听一遍录音，根据提示问题与词语复述这段对话

（1）玛丽喜欢中国的什么？
（2）玛丽觉得唐人街的中国菜怎么样？
（3）玛丽喜欢中国的什么菜？
（提示词语：A没有B……；地道；一……就……；点）

[第三段录音] 中国的早餐

1. 听录音，选择正确答案

（1）玛丽还爱吃什么？（　　）
    A. 粥　　　　　　　　　B. 包子
    C. 汉堡包　　　　　　　D. 每天都不一样

（2）玛丽觉得包子和汉堡包哪个好吃？（　　）
    A. 汉堡包比包子好吃　　B. 包子比汉堡包好吃
    C. 包子没有汉堡包好吃　D. 包子和汉堡包一样好吃

（3）玛丽的早餐是什么样的中国早餐？（　　）
    A. 便宜的　　　　　　　B. 贵的
    C. 地道的　　　　　　　D. 奇怪的

2. 再听一遍录音，根据提示问题与词语复述这段对话

（1）玛丽来中国以后，早餐吃什么？

（2）玛丽为什么吃这样的早餐？

（提示词语：A比B……多了；A和B一样；像……一样生活）

[第四段录音] 北京的堵车问题

1. 听录音，选择正确答案

（1）马路上常常什么时候堵车？（　　）

    A. 下午四五点　　　　　　B. 下午五点多

    C. 下午六点左右　　　　　D. 下午八九点

（2）北京的什么很发达？（　　）

    A. 地铁　　　　　　　　　B. 汽车

    C. 出租车　　　　　　　　D. 火车

（3）以前很多人怎么上班、上学？（　　）

    A. 骑自行车　　　　　　　B. 开车

    C. 坐公共汽车　　　　　　D. 坐地铁

2. 再听一遍录音，根据提示问题与词语复述这段对话

（1）为什么北京有堵车的问题？

（2）北京的堵车问题现在怎么样？为什么？

（提示词语：地铁；方便；最近；一年比一年……）

综合练习

一 根据提示词语，复述听到的短文

来中国……了	四川菜	一……就……	点
麻婆豆腐	地道	比如说	粥
包子	堵车	一年比一年……	严重

第4课　我在中国生活

二　请你和同学扮演不同的角色，完成下面的对话

（1）了解朋友最爱吃的中国菜

A：你在你们国家吃过中国菜吗？
B：……。
A：你们国家的中国菜的味道怎么样？
B：……，没有……地道。
A：你喜欢吃中国菜吗？
B：……。
A：你最喜欢的中国菜是什么？
B：……。

（2）了解中国城市的问题

A：你住在中国的哪个城市？
B：……。
A：那儿的天气怎么样？
B：……。
A：你觉得这个城市的问题是什么？
B：……。
A：你觉得为什么有这个问题？
B：……。

三　根据下面的参考词语和句式，介绍一下儿你在中国的生活

1. 你在哪个城市生活？
2. 你每天的生活是什么样的？
3. 你觉得你的生活像中国人一样吗？什么地方像？什么地方不像？
4. 你最喜欢这个城市的哪个方面？
5. 你最不喜欢这个城市的哪个方面？

参考词语

地方	比如说	地道	发达
生活	堵车	地铁	方便

参考句式

一……就……　　　　A和B一样　　　　有的……有的……

A没有B那么……　　　像……一样　　　　一年比一年……

四 以《我的家乡》为题，在班里做一个小演讲，要求包括以下内容

1. 你的家乡有名的菜；
2. 你常常吃什么；
3. 你的家乡的交通情况；
4. 你的家乡的天气情况。

常用句子

1. 我们国家的中国菜没有这儿的地道。
2. 我和你一样，也爱吃汉堡包。
3. 我一去饭馆儿就点麻婆豆腐。
4. 开车的人一年比一年多了。
5. 马路上的汽车像河流一样。
6. 现在堵车问题比较严重。

第 5 课 在饭馆儿点菜

听力录音

词语

1.	点*	diǎn	动	to order
2.	饿	è	形	hungry
3.	碗	wǎn	名	bowl
4.	瓶	píng	名	bottle
5.	饱*	bǎo	形	full
6.	盒	hé	名	box
7.	宾馆	bīnguǎn	名	hotel
8.	附近*	fùjìn	名	nearby region
9.	干净	gānjìng	形	clean
10.	价钱*	jiàqián	名	price
11.	环境*	huánjìng	名	environment
12.	热情	rèqíng	形	enthusiastic
13.	打包	dǎ bāo		to pack
14.	主意	zhúyi	名	idea
15.	麻烦	máfan	动	to bother
16.	矿泉水	kuàngquánshuǐ	名	mineral water
17.	菜单*	càidān	名	menu

43

18.	份	fèn	量	share; portion (a measure word)
19.	西红柿*	xīhóngshì	名	tomato
20.	买单	mǎi dān		to pay the bill
21.	服务员*	fúwùyuán	名	waiter; waitress
22.	米饭	mǐfàn	名	rice
23.	炒	chǎo	动	to fry
24.	食堂	shítáng	名	canteen
25.	主要*	zhǔyào	形	main; major
26.	家*	jiā	量	measure word (for enterprises, such as restaurant, bookstore, etc.)

听说词语

5-2

一 听录音，把下面词语的拼音写完整，标好声调，并大声朗读

1. __（饿）　　　　　　　2. w__n（碗）

3. p__ng（瓶）　　　　　4. b__o（饱）

5. di__n（点）　　　　　6. h__（盒）

7. b__ngu__n（宾馆）　　8. f__j__n（附近）

9. g__nj__ng（干净）　　10. ji__qi__n（价钱）

11. hu__nj__ng（环境）　12. r__q__ng（热情）

13. d__ b__o（打包）　　14. zh__y__（主意）

15. m__f__n（麻烦）　　16. ku__ngqu__nshu__（矿泉水）

17. c__id__n（菜单）　　18. f__n（份）

19. x__h__ngsh__（西红柿）　20. m__id__n（买单）

21. f__w__yu__n（服务员）　22. m__f__n（米饭）

23. ch__o（炒）   24. sh__t__ng（食堂）

25. zh__y__o（主要）   26. ji__（家）

二 把听到的词语写在相应的图片下面，并大声朗读

1. _____

2. _____

3. _____

4. _____

三 把听到的词语填到表中相应的位置，并大声朗读

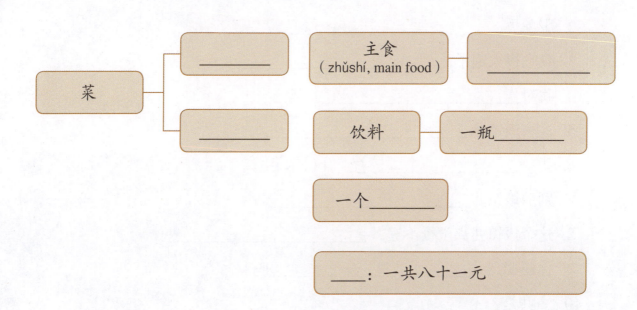

听说短语

一 听录音，把下面的短语补充完整，并大声朗读

5-5

1. ＿＿＿宾馆　　　　　　　　2. ＿＿＿大＿＿＿干净

3. ＿＿＿饿了　　　　　　　　4. ＿＿＿菜

5. ＿＿＿一碗米饭　　　　　　6. ＿＿＿宾馆

7. 吃＿＿＿太饱了　　　　　　8. ＿＿＿我一个打包盒

9. ＿＿＿主要的是　　　　　　10. 我＿＿＿你

二 跟着录音大声朗读下面的短语

5-6

1. 又干净又便宜　　　　来一碗米饭　　　　价钱不贵
   再来一瓶矿泉水　　　没吃完

2. 对饭馆儿的环境很满意　　好主意　　　　吃好了
   一个打包盒

三 听录音，把下面的句子补充完整，并大声朗读

5-7

1. 服务员，可以＿＿＿＿＿＿＿＿＿＿＿＿吗？

2. 服务员，＿＿＿＿＿＿＿＿＿＿＿＿。

3. 我吃得太饱了，＿＿＿＿＿＿＿＿＿＿＿＿。

4. 我对＿＿＿＿＿＿＿＿＿＿＿＿很满意。

5. 这家饭馆儿＿＿＿＿＿＿＿＿＿＿＿＿。

6. 我＿＿＿＿＿＿＿＿＿＿＿＿看到你了。

7. 别的饭馆儿＿＿＿＿＿＿＿＿＿＿＿＿。

8. 这个饭馆儿离学校不远，＿＿＿＿＿＿＿＿＿＿＿＿。

9. 你还要点儿＿＿＿＿＿＿＿＿＿＿＿＿吗？

10. 一共是＿＿＿＿＿＿＿＿＿＿＿＿。

第 5 课　在饭馆儿点菜

听说句子

 一　听句子，选择正确的回答，把答案填在括号里

1. (　) A. 是啊　　　　　　　　　B. 你想吃点儿什么
2. (　) A. 来一个麻婆豆腐　　　　B. 我都饿了
3. (　) A. 再来一份菜单　　　　　B. 再来一瓶水
4. (　) A. 这儿的菜不好吃　　　　B. 这儿离学校不远，价钱也不贵
5. (　) A. 我还没吃完　　　　　　B. 不用了，买单，谢谢

 二　听录音，连线

1. 我想买单
2. 我要一份麻婆豆腐和一碗米饭
3. 这家饭馆儿离学校近，价钱也不贵
4. 一份西红柿炒鸡蛋，一碗米饭
5. 我对这家饭馆儿很满意

再来一份西红柿炒鸡蛋
加上一瓶水，一共三十元
最主要的是，服务员非常热情
因为这家饭馆儿又干净又便宜
再麻烦您给我一个打包盒

 三　跟着录音大声朗读下面的句子

1. 没吃完没关系，你可以打包。
2. 我想来一份麻婆豆腐和一碗米饭。
3. 学校附近的饭馆儿又干净又便宜，最主要的是价钱不贵。
4. 我经常来这儿，对这家饭馆儿非常满意。
5. 这是菜单，你们想吃点儿什么？

 四　回答录音中的问题

听说一段话

■ **听录音,做练习**

🎧 5-12

[第一段录音] 打招呼

1. 听录音,选择正确答案

(1) 玛丽和大卫是在哪儿见面的?(　　)
    A. 宿舍   B. 饭馆儿
    C. 宾馆   D. 教室

(2) 大卫最近忙什么呢?(　　)
    A. 接父母   B. 租房子
    C. 找宾馆   D. 到北京玩儿

2. 再听一遍录音,根据提示问题与词语复述这段对话

(1) 玛丽告诉大卫订哪个宾馆?
(2) 那个宾馆怎么样?
(提示词语:附近;房间;又……又……)

🎧 5-13

[第二段录音] 点菜

1. 听录音,选择正确答案

(1) 点菜以前,玛丽让服务员给他们什么?(　　)
    A. 一个碗   B. 一杯水
    C. 一份菜单   D. 一瓶水

(2) 大卫点了什么菜?(　　)
    A. 矿泉水   B. 米饭
    C. 麻婆豆腐   D. 西红柿炒鸡蛋

(3) 玛丽点了什么菜?(　　)
    A. 麻婆豆腐   B. 菜单
    C. 西红柿炒鸡蛋   D. 矿泉水

第 5 课　在饭馆儿点菜

2. 再听一遍录音，根据提示问题与词语复述这段对话

大卫和玛丽点了什么？

（提示词语：要；西红柿炒鸡蛋；麻婆豆腐；米饭；矿泉水）

[第三段录音] 这家饭馆儿怎么样

1. 听录音，选择正确答案

（1）大卫为什么经常来这家饭馆儿？（　　）

  A. 离学校远，菜很贵　　　　B. 离学校远，菜不贵

  C. 离学校近，菜很贵　　　　D. 离学校近，菜不贵

（2）大卫为什么不在学校食堂吃饭？（　　）

  A. 太贵　　　　　　　　　　B. 太远了

  C. 不好吃　　　　　　　　　D. 环境不好

（3）玛丽对这家饭馆儿的哪方面很满意？（　　）

  A. 离学校不远　　　　　　　B. 菜好吃

  C. 环境和价钱　　　　　　　D. 服务员热情

2. 再听一遍录音，根据提示问题与词语复述这段对话

这家饭馆儿怎么样？

（提示词语：A没有B + adj.；环境；最主要的是）

[第四段录音] 买单、打包

1. 听录音，选择正确答案

（1）玛丽为什么没吃完？（　　）

  A. 菜的味道不好　　　　　　B. 她想打包

  C. 她吃得太饱了　　　　　　D. 菜太辣了

（2）打包盒多少钱？（　　）

  A. 一块钱　　　　　　　　　B. 免费

  C. 十一块钱　　　　　　　　D. 两块钱

（3）玛丽和大卫一共花了多少钱？（　　）

  A. 十八块　　　　　　　　　B. 八十一块

  C. 八十块　　　　　　　　　D. 五十八块

2. 再听一遍录音，根据提示问题与词语复述这段对话

（1）玛丽为什么打包？

（2）这次是谁买的单？一共花了多少钱？

（3）为什么大卫要请玛丽？

（提示词语：吃饱；买单；加上；一共；请）

综合练习

5-16

一 根据提示词语，复述听到的短文

一……就……	一起	聊天儿	点（菜）
菜单	西红柿炒鸡蛋	米饭	麻婆豆腐
一瓶矿泉水	A没有B + adj.	对……满意	环境
价钱	最主要的是……	没吃完	一共

二 请你和同学扮演不同的角色，完成下面的对话

（1）选择饭馆儿

A：都中午了，我都饿了，我们去学校附近的饭馆儿吃点儿东西吧。

B：好啊！

A：我经常去那家饭馆儿。

B：那家饭馆儿怎么样？

A：环境……，价钱……，服务员……，菜……。

B：看起来，你对……很满意。那我们就去那家吧。

A：好，走吧。

（2）点菜

A：欢迎光临！请问几位？

B：……。

A：坐这儿可以吗？

B：好。可以给我们一份菜单吗？

A：给您。您想吃点儿什么？

B：我来一份……，……。
A：好的，还来点儿……吗？
B：再来……就可以了。谢谢！

（3）买单
A：服务员！
B：你好，还要点儿什么？
A：不用了，我吃好了，我想……。
B：好的。打包盒一块钱一个。
A：好，我要……个打包盒。
B：……一共是……。
A：给你钱。
B：谢谢！欢迎……！

三 根据下面的参考词语和句式，介绍一家你最喜欢的饭馆儿

1. 那家饭馆儿叫什么？
2. 那家饭馆儿在哪儿？
3. 那家饭馆儿有什么好吃的菜？
4. 那家饭馆儿的环境、价钱和服务怎么样？
5. 你多长时间去一次？

参考词语

| 离……很近/远 | 环境 | 价钱 | 菜单 |
| 味道 | 服务 | 满意 | |

参考句式

又……又……　　　　一……就……　　　　A没有B + adj.

A比B + adj.　　　　最主要的是

四 如果在饭馆儿吃饭出现了以下问题，怎么办？根据下列情景模拟对话

1. 你忘带钱了；
2. 菜不太干净；
3. 饭馆儿里太吵（chǎo, noisy）了；

4. 菜上得很慢；
5. 菜上错了。

常用句子

1. 我们可以一起吃饭吗？
2. 学校附近的饭馆儿不错，又好吃又干净。
3. 你们想吃点儿什么？
4. 我来一个西红柿炒鸡蛋，一碗米饭。
5. 您还想来点儿什么？
6. 食堂做的没有这儿的这么好吃。
7. 我对这家饭馆儿的环境和价钱都很满意。
8. 最主要的是，这儿的服务员非常热情。
9. 我想买单，再麻烦您给我一个打包盒。

第 6 课 参加学校社团

听力录音

词语

6-1

1.	参加	cānjiā	动	to join in; to take part in
2.	社团	shètuán	名	community
3.	报名	bào míng		to sign up; to enroll
4.	通知*	tōngzhī	名	notice
5.	学期	xuéqī	名	term; semester
6.	地点*	dìdiǎn	名	place; site
7.	话剧	huàjù	名	play
8.	欢迎	huānyíng	动	to welcome
9.	学生会	xuéshēnghuì	名	student union
10.	办公室*	bàngōngshì	名	office
11.	茶	chá	名	tea
12.	学生证*	xuéshēngzhèng	名	students' ID card
13.	报名表	bàomíngbiǎo	名	application form
14.	贴*	tiē	动	to paste
15.	专业	zhuānyè	名	major
16.	不但*	búdàn	连	not only
17.	而且*	érqiě	连	but also
18.	门口	ménkǒu	名	doorway

53

19.	听说	tīngshuō	动	to hear of
20.	不见不散	bú jiàn bú sàn		to not leave without seeing each other
21.	为了*	wèile	介	in order to

听说词语

一 听录音，把下面词语的拼音写完整，标好声调，并大声朗读

1. sh__tu__n（社团）
2. b__o m__ng（报名）
3. c__nji__（参加）
4. t__ngzh__（通知）
5. xu__q__（学期）
6. d__di__n（地点）
7. hu__j__（话剧）
8. hu__ny__ng（欢迎）
9. xu__sh__nghu__（学生会）
10. b__ng__ngsh__（办公室）
11. ch__（茶）
12. xu__sh__ngzh__ng（学生证）
13. b__om__ngbi__o（报名表）
14. ti__（贴）
15. zhu__ny__（专业）
16. b__d__n（不但）
17. __rqi__（而且）
18. m__nk__u（门口）
19. t__ngshu__（听说）
20. b__ ji__n b__ s__n（不见不散）
21. w__il__（为了）

二 把听到的词语写在相应的图片下面，并大声朗读

1. _____   2. _____

第 6 课　参加学校社团

3. _____

4. _____

 三　把听到的词语填到表中相应的位置，并大声朗读

6-4

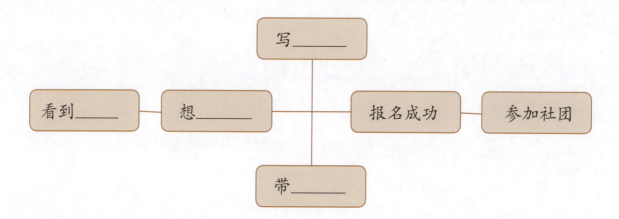

听说短语

 一　听录音，把下面的短语补充完整，并大声朗读

6-5

1. 门口_____着通知　　　　　2. 通知上_____着

3. _____个星期一　　　　　　4. 在报名表_____写

5. 喝_____茶写字　　　　　　6. 带学生证_____行了

7. 写_____了　　　　　　　　8. 一_____报名表

9. _____见_____散　　　　　 10. 看_____你的学生证

 二　跟着录音大声朗读下面的短语

6-6

1. 报名参加社团　　　报名地点　　　不但……而且……
　 为了练习口语　　　带学生证　　　茶文化

2. 喝着茶写汉字　　　　不见不散　　　　没想好
　　写上名字就行了　　　贴通知　　　　　写好了

三 听录音,把下面的句子补充完整,并大声朗读

6-7

1. 我_____报名表了。

2. 我应该_____报名?

3. _____学生会办公室。

4. 我还_____哪个社团。

5. 新学期,我想_____。

6. 在报名表上_____。

7. _____,我可以参加话剧社团。

8. 希望有一天,我也可以_____。

9. 明天下午两点,宿舍楼门口,_____。

10. 参加社团_____可以交朋友,_____还可以练习汉语。

听说句子

一 听句子,选择正确的回答,把答案填在括号里

6-8

1. (　) A.大家都这么说　　　　　B.在宿舍楼门口看到的
2. (　) A.我还没想好　　　　　　B.要先报名
3. (　) A.通知　　　　　　　　　B.学生证
4. (　) A.早点儿去吧　　　　　　B.不见不散
5. (　) A.给,我写好了,谢谢　　　B.欢迎你参加社团

第 6 课　参加学校社团

 二　把听到的句子的序号填到相应的图片下面，并大声朗读

（1）_____

（2）_____

（3）_____

（4）_____

 三　跟着录音大声朗读下面的句子

1. 我没听说啊。
2. 带学生证就行了。
3. 宿舍楼门口贴着通知。
4. 为了练习口语，你应该参加话剧社团。
5. 在报名表上写上你的名字和专业。
6. 我们一起去报名吧！
7. 我想喝着茶写汉字。
8. 报名地点是学生会办公室。
9. 我看到通知了。
10. 参加社团不但可以让你交更多朋友，而且还可以练习汉语。

 四　回答录音中的问题

57

听说一段话

■ 听录音,做练习

[第一段录音] 通知

6-12

1. 听录音,选择正确答案

(1) 安娜找玛丽什么事儿?(　　)
　　A. 让玛丽去看通知　　　B. 让玛丽去报名
　　C. 告诉玛丽一个通知　　D. 让玛丽去宿舍楼

(2) 通知在哪儿贴着?(　　)
　　A. 社团门口　　　B. 公寓门口
　　C. 教室门口　　　D. 宿舍楼门口

(3) 学校的社团什么时候开始报名?(　　)
　　A. 上个星期　　　B. 现在
　　C. 下个星期　　　D. 下个月

2. 再听一遍录音,根据提示问题与词语复述这段对话
(1) 哪儿有通知?
(2) 通知上写着什么?
(提示词语:贴着;写着;报名)

[第二段录音] 学校社团

6-13

1. 听录音,选择正确答案

(1) 报名地点在哪儿?(　　)
　　A. 社团办公室　　　B. 宿舍楼门口
　　C. 学生会办公室　　D. 学生会教室

(2) 玛丽想参加什么社团?(　　)
　　A. 学生会　　　B. 茶社团
　　C. 话剧社团　　D. 汉字社团

（3）大卫想参加什么社团？（   ）
    A. 学生会　　　　　　　　　　B. 茶社团
    C. 话剧社团　　　　　　　　　D. 汉字社团

2. 再听一遍录音，根据提示问题与词语复述这段对话

（1）大卫觉得应该参加社团吗？为什么？
（2）大卫想参加什么社团？
（提示词语：不但……而且……；交朋友；练习；V_1着……V_2）

[第三段录音] 一起去报名

6-14

1. 听录音，选择正确答案

（1）大卫想和玛丽一起去做什么？（   ）
    A. 去留学生宿舍楼　　　　　　B. 取学生证
    C. 在宿舍楼门口等　　　　　　D. 报名参加社团

（2）玛丽和大卫什么时候见面？（   ）
    A. 星期一下午两点　　　　　　B. 星期二下午一点
    C. 下星期一下午两点　　　　　D. 下星期二下午一点

（3）报名的时候带什么去？（   ）
    A. 护照　　　　　　　　　　　B. 钱
    C. 学生证　　　　　　　　　　D. 通知

2. 再听一遍录音，根据提示问题与词语复述这段对话

（1）玛丽和大卫要去做什么？
（2）他们什么时候、在哪儿见面？
（3）报名的时候带什么去？
（提示词语：[时间]+[地点]+V；带；……就行了）

[第四段录音] 报名

6-15

1. 听录音，选择正确答案

（1）玛丽为什么要参加话剧社团？（   ）
    A. 练习口语　　　　　B. 学习汉字　　　　　C. 喜欢茶文化

（2）报名表上不用写什么？（　　）

    A. 名字　　　　　　B. 学生证号　　　　　C. 专业

2. 再听一遍录音，根据提示问题与词语复述这段对话

（1）怎么报名参加社团？

（2）大卫为什么想参加茶社团？

（3）玛丽为什么想参加话剧社团？

（提示词语：学生证；报名表；……就行了；因为；茶文化；练习口语）

综合练习

一　根据提示词语，复述听到的短文

贴	通知	社团	报名	学生会
没想好	不但……而且……		为了……	因为……所以……
在……见面	看一下儿	……就行了		

二　请你和同学扮演不同的角色，完成下面的对话

（1）报名的通知

A：……，你听说了吗？现在可以报名……了。

B：我没听说啊。你是怎么知道的？

A：我在……看到通知了。

B：通知上写着什么？

A：通知上说……。

（2）问社团的情况

A：……，你参加社团吗？

B：我还没想好参不参加社团呢。

A：为什么不参加？参加社团不但……，而且……。

B：可是参加社团会不会花很多时间？

A：不会的，……。

B：如果是这样，我想试试看。我想练习我的口语，……比较好？
A：……。

（3）报名参加

报名者：您好！我想报名参加社团。
负责人：好的。带……了吗？
报名者：带了。
负责人：给我看一下儿。好，在报名表上写上……就行了。
报名者：我写好了，您看一下儿。
负责人：欢迎你参加社团。

三 你的朋友刚来你们大学，他／她想参加学校的社团，请根据下面的提示问题与参考句式，给他／她介绍一下儿

提示问题

1. 你们大学都有哪些社团？
2. 这些社团都做什么？
3. 参加社团对你的学习和生活有什么帮助？
4. 怎么报名参加社团？

参考句式

不但……而且……   为了……
在……上写上……   ……就行了

四 采访一下儿你的同学（五个以上），并将采访结果在班上汇报。采访至少包括以下几个问题

1. 你参加过哪些社团？
2. 你是怎么报名的？
3. 社团的基本情况是什么？
4. 你认为参加社团对自己有什么帮助？

常用句子

1. 宿舍楼门口贴着一个通知。
2. 下个星期可以报名参加社团了。
3. 参加社团不但可以交朋友,而且还可以练习汉语。
4. 我想参加茶社团,我希望喝着茶写汉字。
5. 带上学生证去报名就行了。
6. 你在报名表上写上名字和专业就行了。
7. 欢迎你参加话剧社团!

第 7 课　去动物园

听力录音

词语

7-1

1.	动物园	dòngwùyuán	名	zoo
2.	挤	jǐ	动	to cram; to squeeze
3.	趟	tàng	量	measure word (for one round trip)
4.	巧	qiǎo	形	coincidental
5.	云*	yún	名	cloud
6.	往*	wǎng	介	towards
7.	甜	tián	形	sweet
8.	辣*	là	形	hot; spicy
9.	报*	bào	名	newspaper
10.	打算	dǎsuàn	动	to plan
11.	蛋糕	dàngāo	名	cake
12.	熊猫*	xióngmāo	名	panda
13.	可爱*	kě'ài	形	lovely; cute
14.	大象	dàxiàng	名	elephant
15.	耳朵*	ěrduo	名	ear
16.	鼻子	bízi	名	nose
17.	胖*	pàng	形	fat

63

18.	睡懒觉	shuì lǎnjiào		to lie in
19.	中餐馆	zhōngcānguǎn	名	Chinese restaurant
20.	起来*	qǐ lái		used after verbs to indicate upward movement
21.	准备	zhǔnbèi	动	to prepare
22.	动物*	dòngwù	名	animal
23.	再说*	zàishuō	连	moreover
24.	该*	gāi	助	should
25.	慢	màn	形	slow
26.	满*	mǎn	形	full

听说词语

7-2

一 听录音，把下面词语的拼音写完整，标好声调，并大声朗读

1. j__（挤）　　　　　　　　2. t__ng（趟）

3. qi__o（巧）　　　　　　　4. y__n（云）

5. w__ng（往）　　　　　　　6. ti__n（甜）

7. l__（辣）　　　　　　　　8. b__o（报）

9. d__su__n（打算）　　　　10. d__ng__o（蛋糕）

11. xi__ngm__o（熊猫）　　　12. k__'__i（可爱）

13. d__xi__ng（大象）　　　14. __rdu__（耳朵）

15. b__z__（鼻子）　　　　　16. p__ng（胖）

17. shu__ l__nji__o（睡懒觉）　18. d__ngw__yu__n（动物园）

19. zh__ngc__ngu__n（中餐馆）　20. q__ l__i（起来）

第 7 课　去动物园

21. zh__nb__i（准备）   22. d__ngw__（动物）

23. z__ishu__（再说）   24. g__i（该）

25. m__n（慢）   26. m__n（满）

 二 把听到的词语写在相应的图片下面，并大声朗读

7-3

1. _____

2. _____

3. _____

4. _____

 三 把听到的词语填到表中相应的位置，并大声朗读

7-4

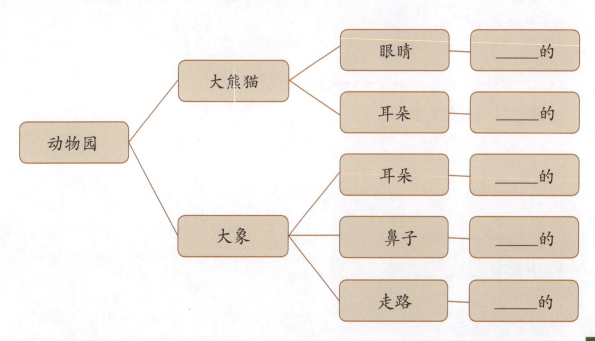

65

听说短语

一 听录音，把下面的短语补充完整，并大声朗读

1. 挤＿＿＿满满的
2. ＿＿＿身体不好
3. ＿＿＿八点
4. 准备＿＿＿
5. ＿＿＿别的时候多
6. 走路十分钟＿＿＿到了
7. ＿＿＿吃午饭了
8. 天蓝蓝＿＿＿
9. 一＿＿＿地铁
10. 比上一趟人＿＿＿多

二 跟着录音大声朗读下面的短语

1. 睡懒觉　　　　　　　报上说　　　　　　对身体不好
   挤得满满的　　　　　你说对了　　　　　人真多

2. 穿着蓝衬衫的女孩儿　往前走　　　　　　离这儿不远
   A比B多多了　　　　　胖胖的　　　　　　甜甜的

三 听录音，把下面的句子补充完整，并大声朗读

1. 我喜欢＿＿＿＿＿＿＿＿＿＿＿＿＿＿。
2. ＿＿＿＿＿＿＿＿＿＿，今天天气特别好。
3. 睡懒觉＿＿＿＿＿＿＿＿＿＿＿＿＿＿。
4. 地铁里的人太多了，＿＿＿＿＿＿＿＿＿＿＿＿＿＿。
5. ＿＿＿＿＿＿＿＿＿＿＿＿＿＿，公园里的人真多啊！
6. 你认识那个＿＿＿＿＿＿＿＿＿＿＿＿＿＿？
7. 一直＿＿＿＿＿＿＿＿＿＿＿＿，就能看见动物园。
8. 中餐馆＿＿＿＿＿＿＿＿＿＿＿＿＿＿。
9. 这一趟车＿＿＿＿＿＿上一趟车的人＿＿＿＿＿＿＿。

第7课　去动物园

听说句子

一　听句子，选择正确的回答，把答案填在括号里

1. （　）A. 我还没起床呢　　B. 我想睡会儿懒觉　　C. 我还没准备好
2. （　）A. 天蓝蓝的　　　　B. 云白白的　　　　　C. 今天天气比昨天好
3. （　）A. 动物园不开门　　B. 动物园关门了　　　C. 去晚了地铁上人很多
4. （　）A. 大熊猫很可爱　　B. 我想看大熊猫　　　C. 一直走可以看到动物
5. （　）A. 离这儿不远　　　B. 比蛋糕店近　　　　C. 走路就行

二　听录音，连线

1. 今天天气特别好	可爱极了
2. 去动物园的人真多啊	该吃午饭了
3. 大象耳朵大大的，鼻子长长的	去动物园的人比别的时候多
4. 下午一点了，我饿了	地铁里挤得满满的

三　跟着录音大声朗读下面的句子

1. 我还没起床呢。
2. 都九点了！睡懒觉对身体不好。
3. 天气真好！天蓝蓝的，云白白的。
4. 今天天气好，去动物园的人比别的时候多。
5. 我们先去大熊猫馆吧。
6. 一直往前走就到了。
7. 我最想看的动物是大象。
8. 大熊猫非常可爱，胖胖的，眼睛黑黑的。
9. 下一趟地铁上的人可能比这一趟还多。
10. 四川饭馆儿走路十分钟就到了。

四　回答录音中的问题

听说一段话

■ 听录音，做练习

🎧 7-12

[第一段录音] 玛丽给大卫打电话

1. 听录音，选择正确答案

（1）现在几点？（　　）
　　A. 六点　　　　　　　　B. 八点
　　C. 九点　　　　　　　　D. 十点

（2）玛丽和大卫今天打算做什么？（　　）
　　A. 睡懒觉　　　　　　　B. 运动
　　C. 去公园　　　　　　　D. 去动物园

（3）是谁说的睡懒觉对身体不好？（　　）
　　A. 玛丽　　　　　　　　B. 大卫
　　C. 玛丽的爸爸　　　　　D. 报上

2. 再听一遍录音，根据提示问题与词语复述这段对话
　　玛丽和大卫为什么要早去动物园？
　　（提示词语：天气；比；再说；所以）

🎧 7-13

[第二段录音] 等地铁

1. 听录音，选择正确答案

（1）玛丽说对了什么事情？（　　）
　　A. 今天天气很好　　　　B. 下一趟地铁人少
　　C. 地铁上人不多　　　　D. 去动物园的人很多

（2）大卫看到的女孩儿好像是谁？（　　）
　　A. 玛丽的朋友　　　　　B. 大卫不认识她
　　C. 茶社团的同学　　　　D. 话剧社团的同学

（3）和上一趟地铁比，这趟地铁上的人多吗？（　　）
　　A. 一样多　　　　　　　B. 没有上一趟多
　　C. 差不多　　　　　　　D. 比上一趟人多

第 7 课　　去动物园

2. 再听一遍录音，根据提示问题与词语复述这段对话

（1）大卫看见的女孩儿穿什么衣服？

（2）那个女孩儿是谁？

（提示词语：穿着……；好像）

[第三段录音] 到动物园

1. 听录音，选择正确答案

（1）今天天气怎么样？（　　）

　　A. 多云　　　　　　　　B. 阴天

　　C. 天气非常好　　　　　D. 天气不好

（2）大卫和玛丽先做什么？（　　）

　　A. 去看大象　　　　　　B. 去看大熊猫

　　C. 去动物园　　　　　　D. 不知道

（3）大熊猫馆在哪儿？（　　）

　　A. 一直往后走　　　　　B. 一直往前走

　　C. 一直往左走　　　　　D. 一直往右走

2. 再听一遍录音，根据提示问题与词语复述这段对话

在动物园里，大卫和玛丽想看的动物长什么样？

（提示词语：大熊猫；adj. + adj. + 的；可爱；大象；鼻子；走路）

[第四段录音] 离开动物园

1. 听录音，选择正确答案

（1）现在几点了？（　　）

　　A. 下午一点　　　　　　B. 下午一点十分

　　C. 上午十一点　　　　　D. 上午十一点十分

（2）玛丽说什么很好吃？（　　）

　　A. 面包　　　　　　　　B. 蛋糕

　　C. 汉堡包　　　　　　　D. 面条儿

（3）最后，玛丽和大卫要去吃什么？（　　）

　　A. 西餐　　　　　　　　B. 蛋糕

　　C. 甜的东西　　　　　　D. 四川菜

2. 再听一遍录音，根据提示问题与词语复述这段对话

（1）玛丽和大卫离开动物园后要做什么？

（2）他们怎么去那儿？

（提示词语：都……了；该……了；离……不远；走路）

综合练习

一　根据提示词语，复述听到的短文

打算	睡懒觉	还没……	因为……所以……
比……多	挤得满满的	大熊猫馆	adj.+adj.+的
离……不远	中餐馆		

二　请你和同学扮演不同的角色，完成下面的对话

（1）最喜欢的动物

A：如果我们在动物园，你会先去看哪种动物？

B：我会先去……。

A：为什么？

B：因为……。

A：它长什么样？

B：……的，……。

（2）喜欢这个动物的原因

A：你更喜欢……还是……？

B：我更喜欢……，因为……比……还……。

A：那你最喜欢什么动物？

B：我最喜欢……。

A：为什么？

B：……，所以……。

第 7 课 去动物园

三 根据下面的提示问题与参考句式，说一说你最喜欢的动物

提示问题

1. 这种动物的名字是什么？
2. 这种动物生活在什么地方？
3. 这种动物长什么样？
4. 你为什么喜欢这种动物？

参考句式

离……不远　　　　　又……又……　　　　　虽然……但是……

adj. + adj. + 的　　　再说

四 如果你有宠物，请给大家介绍一下儿你的宠物。如果你没有宠物，那么你希望你的宠物是什么？为什么？

常用句子

1. 你今天不是打算去动物园吗？
2. 快起来吧！报上说，睡懒觉对身体不好。
3. 去动物园的人一定比别的时候都多。
4. 你看，地铁上挤得满满的。
5. 一直往前走就是大熊猫馆。
6. 大熊猫胖胖的，真可爱。
7. 该吃午饭了，咱们在附近买点儿吃的吧。
8. 那儿离这儿不远，走路十分钟就到了。

第 8 课 一场篮球比赛

听力录音

词语

8-1

1.	场	chǎng	量	measure word（for the process of something）
2.	篮球*	lánqiú	名	basketball
3.	比赛	bǐsài	名	competition; match
4.	醒*	xǐng	动	to wake; to be awake
5.	系	xì	名	department; faculty
6.	输*	shū	动	to lose; to be beaten
7.	赢*	yíng	动	to win
8.	提	tí	动	to mention; to bring up
9.	平*	píng	形	even
10.	响*	xiǎng	动	to ring; to make a sound
11.	拿*	ná	动	to take
12.	迟到	chídào	动	to be late
13.	闹钟	nàozhōng	名	alarm clock
14.	好不*	hǎobù	副	used before some two-character adjectives to show high degree
15.	急忙*	jímáng	副	in a hurry
16.	顺利	shùnlì	形	smooth; successful
17.	厉害*	lìhai	形	powerful; excellent

第8课　一场篮球比赛

18.	数学*	shùxué	名	mathematics
19.	精彩*	jīngcǎi	形	wonderful
20.	可惜	kěxī	形	It is a pity that...
21.	决赛	juésài	名	finals
22.	对手*	duìshǒu	名	rival; opponent
23.	重要	zhòngyào	形	important
24.	加油*	jiā yóu		to cheer; (to encourage sb.) to make an extra effort
25.	结果*	jiéguǒ	连	as a result
26.	惊喜	jīngxǐ	名	surprise
27.	出租车*	chūzūchē	名	taxi
28.	听见*	tīng jiàn		to hear
29.	上去*	shàng qù		to go upward
30.	一块儿*	yíkuàir	副	together
31.	比*	bǐ	动	(of a score) to

听说词语

一 听录音，把下面词语的拼音写完整，标好声调，并大声朗读

1. x__ng（醒）
2. x__（系）
3. sh__（输）
4. y__ng（赢）
5. t__（提）
6. p__ng（平）
7. ch__ng（场）
8. xi__ng（响）
9. n__（拿）
10. ch__d__o（迟到）

73

11. n__ozh__ng（闹钟）
12. h__ob__（好不）
13. j__m__ng（急忙）
14. sh__nl__（顺利）
15. l__h__i（厉害）
16. sh__xu__（数学）
17. j__ngc__i（精彩）
18. k__x__（可惜）
19. ju__s__i（决赛）
20. du__sh__u（对手）
21. zh__ngy__o（重要）
22. ji__y__u（加油）
23. ji__gu__（结果）
24. j__ngx__（惊喜）
25. ch__z__ch__（出租车）
26. l__nqi__（篮球）
27. b__s__i（比赛）
28. t__ng ji__n（听见）
29. sh__ng q__（上去）
30. y__ku__ir（一块儿）
31. b__（比）

  二 把听到的词语写在相应的图片下面，并大声朗读

8-3

1. _____

2. _____

3. _____

4. _____

第8课　一场篮球比赛

  三　把听到的词语填到表中相应的位置，并大声朗读
8-4

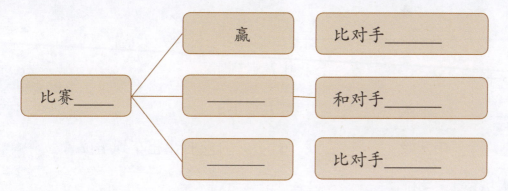

听说短语

  一　听录音，把下面的短语补充完整，并大声朗读
8-5

1. 起_____了　　　　　　　2. _____九点半了

3. 没听_____　　　　　　　4. 拿_____闹钟

5. 挺快_____　　　　　　　6. 好不容易_____赢

7. 比坐公共汽车快_____　　8. 给你们_____

9. 挤不_____　　　　　　　10. 一_____比赛

  二　跟着录音大声朗读下面的短语
8-6

1. 别提了　　　　起晚了　　　　拿起闹钟一看
　 都九点半了　　急忙打出租车

2. 真可惜　　　　给我们加油　　好不容易才赢
　 打平很多次　　早点儿回去休息

75

三 听录音，把下面的句子补充完整，并大声朗读

1. 你来_____！

2. _____，我比赛迟到了。

3. 我_____，都九点半了。

4. 比赛_____快开始_____，我_____打出租车到学校。

5. 对手太厉害了，我们_____。

6. 这次比赛太精彩了，我们_____。

7. 为了明天的比赛，今晚我得_____。

8. 闹钟响了，但是我没听见，所以_____。

9. 我们比对手少一分，结果我们输了，_____。

听说句子

一 听句子，选择正确的回答，把答案填在括号里

1. (　) A. 我起晚了　　　　B. 我迟到了　　　　C. 比赛很精彩
2. (　) A. 两个月　　　　　B. 一直往前走　　　C. 坐公共汽车五十分钟
3. (　) A. 出租车快点儿　　B. 我不想坐公共汽车　C. 出租车更便宜
4. (　) A. 哦，比赛不太顺利
       B. 对手很厉害，比赛很精彩
       C. 没事儿，决赛的时候来给我们加油吧
5. (　) A. 没有　　　　　　B. 打平了　　　　　C. 都差不多

第8课　一场篮球比赛

 二　把听到的句子的序号填到相应的图片下面，并大声朗读

（1）_____

（2）_____

（3）_____

（4）_____

 三　跟着录音大声朗读下面的句子

1. 我们比对手多两分。
2. 别提了，昨天的比赛我迟到了。
3. 公共汽车上的人特别多，我挤不上去。
4. 决赛的时候来给我们加油吧！
5. 如果堵车的话，可能要一个半小时。
6. 坐出租车比坐公共汽车快一点儿。
7. 我们和对手打平了。
8. 不了，我得早点儿回去休息。

 四　回答录音中的问题

听说一段话

■ **听录音，做练习**

[第一段录音] 起床起晚了

1. 听录音，选择正确答案

（1）昨天李军怎么了？（　　）
　　A. 睡懒觉　　　　　　　　B. 起早了
　　C. 上课迟到了　　　　　　D. 比赛迟到了

（2）堵车的话，从李军家到学校，坐公共汽车一般要多长时间？（　　）
　　A. 半个小时　　　　　　　B. 五十分钟
　　C. 一个半小时　　　　　　D. 两个小时左右

2. 再听一遍录音，根据提示问题与词语复述这段对话

（1）昨天早上李军怎么了？为什么会这样？
（2）从李军家到学校要多长时间？
（提示词语：闹钟；拿起……一看，都……了；坐；如果……的话）

[第二段录音] 去学校的路上

1. 听录音，选择正确答案

（1）李军是几点到的学校？（　　）
　　A. 四点　　　　　　　　　B. 四点十分
　　C. 十点　　　　　　　　　D. 十点十分

（2）李军是怎么去的学校？（　　）
　　A. 走路　　　　　　　　　B. 坐出租车
　　C. 坐公共汽车　　　　　　D. 不知道

（3）李军为什么坐出租车？（　　）
　　A. 出租车多　　　　　　　B. 出租车便宜
　　C. 比赛要迟到了　　　　　D. 公共汽车太少

2. 再听一遍录音，根据提示问题与词语复述这段对话

（1）李军坐什么车去的学校？

（2）李军为什么不坐公共汽车？

（提示词语：比……快多了；满满的；挤不上去；只好）

[第三段录音] 比赛的情况

8-14

1. 听录音，选择正确答案

（1）李军他们的对手是谁？（　　）

  A. 留学生   B. 中文系

  C. 数学系   D. 历史系

（2）为什么李军说"比赛不太顺利"？（　　）

  A. 因为对手很厉害   B. 因为没人给他们加油

  C. 因为李军他们不厉害   D. 因为李军他们准备的时间不长

（3）明天玛丽来做什么？（　　）

  A. 看比赛   B. 加油

  C. 打比赛   D. 不知道

2. 再听一遍录音，根据提示问题与词语复述这段对话

（1）昨天的篮球比赛怎么样？

（2）李军请玛丽做什么？

（提示词语：不太顺利；精彩；厉害；对手；打平；给……加油）

[第四段录音] 比赛结果

8-15

1. 听录音，选择正确答案

（1）比赛结果怎么样？（　　）

  A. 李军的队赢了   B. 打平了

  C. 李军的队输了   D. 不知道

（2）比赛结果是多少？（　　）

  A. 33∶31   B. 35∶33

  C. 50∶33   D. 53∶33

2. 再听一遍录音，根据提示问题与词语复述这段对话

李军为什么不跟玛丽一块儿去吃饭？

（提示词语：重要；早点儿；像……一样）

综合练习

一　根据提示词语，复述听到的短文

起晚了	没听见	拿起……一看	都……了
急忙	对手	厉害	打平
比赛结果	为了……	希望	像……一样

二　请你和同学扮演不同的角色，完成下面的对话

（1）介绍一场比赛

A：……，你参加过什么比赛？

B：我参加过……。

A：你是什么时候参加的？

B：我是……参加的。

A：和你一起比赛的人，都有谁？

B：我和……一起比赛，他们都很……。

（2）介绍比赛的情况

A：比赛怎么样？

B：那场比赛很……。

A：有人给你们加油吗？

B：……。

A：比赛的结果是什么？

B：……。

A：你从这次比赛中学到了什么？

B：这次比赛让我……。

第8课　一场篮球比赛

三 根据下面的参考词语和句式，介绍一下儿你参加过的或你看过的比赛

参考词语

比赛	参加	厉害	顺利	精彩
进行	结果	加油	经验	

参考句式

如果……的话	给……加油	为了……
像……一样	都……了	好不容易（才）
只好		

四 向你的同学和老师介绍一下儿你最喜欢的运动，并说明原因。另外，介绍一下儿你是否参加过与这个运动相关的比赛

常用句子

1. 昨天的篮球比赛怎么样？
2. 别提了，我起晚了，比赛迟到了。
3. 我拿起闹钟一看，都九点半了。
4. 我挤不上去公共汽车，只好急忙打出租车了。
5. 两个厉害的队一起比赛，一定很精彩。
6. 真可惜，这次没看到你们比赛。
7. 决赛的时候来给我们加油吧！
8. 我们好不容易才赢了这场比赛，给了你一个惊喜吧？

第9课 糟糕的一天

听力录音

词语

9-1

1.	糟糕	zāogāo	形	terrible; too bad
2.	理	lǐ	动	to answer; to pay attention to
3.	戴*	dài	动	to wear
4.	清楚*	qīngchu	形	clear
5.	摔*	shuāi	动	to fall; to tumble
6.	坏	huài	形	bad; awful
7.	倒	dǎo	动	to fall
8.	本子*	běnzi	名	exercise book
9.	听写	tīngxiě	动	to dictate
10.	夜里	yèli	名	nighttime
11.	饭卡	fànkǎ	名	meal card
12.	刷卡	shuā kǎ		to swipe the card
13.	零钱	língqián	名	small change; pocket money
14.	牛肉	niúròu	名	beef
15.	笔*	bǐ	名	writing utensils
16.	眼镜	yǎnjìng	名	glasses
17.	打招呼	dǎ zhāohu		to greet sb.; to say hello
18.	公交卡	gōngjiāokǎ	名	bus card; transportation card

82

第 9 课 糟糕的一天

19.	近视*	jìnshì	形	myopia; short-sighted
20.	着*	zháo	动	used after a verb to indicate the result of reaching the goal or the action
21.	一下子*	yíxiàzi	副	all at once; all of a sudden
22.	乘客	chéngkè	名	passenger
23.	快	kuài	形	quick
24.	下来	xià lái		to come down
25.	黑板	hēibǎn	名	blackboard
26.	忘	wàng	动	to forget

听说词语

9-2

一 听录音，把下面词语的拼音写完整，标好声调，并大声朗读

1. l__（理）
2. d__i（戴）
3. q__ngch__（清楚）
4. shu__i（摔）
5. hu__i（坏）
6. d__o（倒）
7. b__nz__（本子）
8. t__ngxi__（听写）
9. y__l__（夜里）
10. f__nk__（饭卡）
11. shu__ k__（刷卡）
12. l__ngqi__n（零钱）
13. ni__r__u（牛肉）
14. b__（笔）
15. y__nj__ng（眼镜）
16. d__ zh__oh__（打招呼）
17. g__ngji__ok__（公交卡）
18. j__nsh__（近视）
19. z__og__o（糟糕）
20. zh__o（着）
21. y__xi__z__（一下子）
22. ch__ngk__（乘客）

83

23. ku__i（快） 24. xi__ l__i（下来）

25. h__ib__n（黑板） 26. w__ng（忘）

二 把听到的词语写在相应的图片下面，并大声朗读

1. _____

2. _____

3. _____

4. _____

听说短语

一 听录音，把下面的短语补充完整，并大声朗读

1. 睡不____觉 2. 跑____跑____

3. 看____ 4. 摔____了

5. ____招呼 6. 写____了

7. 拿____一个本子____ 8. 说____太快

第 9 课　糟糕的一天

 二　跟着录音大声朗读下面的短语

1. 跟你打招呼　　　看不清楚　　　忘了带
   准备好了　　　　没有零钱

2. 跑来跑去　　　　前门上车　　　上车请刷卡
   在门口站着　　　再来个牛肉　　糟糕的一天

 三　听录音，把下面的句子补充完整，并大声朗读

1. 我＿＿＿＿＿＿＿＿＿＿＿＿＿＿公交卡。

2. 我还想＿＿＿＿＿＿＿＿＿＿＿＿＿。

3. 有人＿＿＿＿＿＿＿＿＿＿＿＿＿。

4. 楼上的孩子＿＿＿＿＿＿＿＿＿＿＿＿。

5. 我没戴眼镜，＿＿＿＿＿＿＿＿＿＿＿。

6. 请＿＿＿＿＿＿＿一个本子＿＿＿＿＿＿＿。

7. ＿＿＿＿＿＿＿＿＿＿＿＿？现在开始听写。

8. 售票员告诉我们"＿＿＿＿＿＿＿＿＿＿＿＿"。

9. 你＿＿＿＿＿＿＿＿＿＿＿＿＿＿干吗？

听说句子

 一　听句子，选择正确的回答，把答案填在括号里

1. （　）A. 你好　　　　　B. 我的眼镜摔坏了　　　C. 我没戴眼镜，看不清楚
2. （　）A. 今天早上摔坏的　　　　　　　　　　　B. 眼镜没有找到
   　　　　C. 我不小心摔倒了，眼镜也一下子摔坏了

85

3. (　) A. 不好　　　　　B. 完了　　　　　C. 对不起，请等一下儿
4. (　) A. 我这儿有零钱　B. 买票吧　　　　C. 公交卡里没钱了

二 把听到的句子的序号填到相应的图片下面，并大声朗读

（1）＿＿＿＿

（2）＿＿＿＿

（3）＿＿＿＿

（4）＿＿＿＿

三 跟着录音大声朗读下面的句子

1. 好，我买票吧。
2. 再来一个牛肉吧。
3. 我没戴眼镜，看不清楚是你。
4. 我好像忘带饭卡了，我在想怎么办。
5. 老师，您说得太快了，可以再说一遍吗？
6. 昨天早上我的眼镜摔坏了。

四 回答录音中的问题

第9课　糟糕的一天

听说一段话

听录音，做练习

[第一段录音] 眼镜摔坏了

1. 听录音，选择正确答案

（1）大卫为什么不跟张红打招呼？（　　）
　　A. 大卫看不清楚　　　　　　B. 大卫没听见
　　C. 大卫没看见张红　　　　　D. 大卫不想理张红

（2）大卫为什么不戴眼镜？（　　）
　　A. 眼镜丢了　　　　　　　　B. 忘了带眼镜
　　C. 眼镜找不到了　　　　　　D. 眼镜摔坏了

2. 再听一遍录音，根据提示问题与词语复述这段对话

（1）大卫为什么不理张红？
（2）大卫的眼镜怎么了？是怎么摔坏的？
（提示词语：看不清楚；不小心；摔倒；一下子）

[第二段录音] 上课的时候

1. 听录音，选择正确答案

（1）上课的时候，老师让大家先做什么？（　　）
　　A. 听一个句子　　　　　　　B. 听写一个句子
　　C. 读本子上的一个句子　　　D. 看黑板上的一个句子

（2）大卫忘了带什么？（　　）
　　A. 本子　　　　　　　　　　B. 笔
　　C. 作业　　　　　　　　　　D. 眼镜

（3）大卫为什么记不住听写的句子？（　　）
　　A. 汉字太难了　　　　　　　B. 句子太长了
　　C. 老师说得太快了　　　　　D. 准备得不好

2. 再听一遍录音，根据提示问题与词语复述这段对话

（1）老师听写的句子是什么？大卫写得下来吗？

（2）大卫看得清楚黑板上的字吗？

（提示词语：V来V去；睡不着觉；写不下来；看不清楚）

[第三段录音] 在食堂

1. 听录音，选择正确答案

（1）大卫为什么不进食堂吃饭？（　　）

  A. 他忘了带钱   B. 他找不到钱包了

  C. 他忘了带饭卡   D. 他不知道吃什么

（2）大卫点了什么菜？（　　）

  A. 只点了牛肉   B. 只点了西红柿炒鸡蛋

  C. 点了西红柿炒鸡蛋和牛肉   D. 他不饿，什么也没点

2. 再听一遍录音，根据提示问题与词语复述这段对话

（1）大卫和张红在哪儿？

（2）张红为什么请大卫吃饭？

（3）大卫吃的什么菜？

（提示词语：食堂；忘；饭卡；西红柿炒鸡蛋；牛肉）

[第四段录音] 坐车回家

1. 听录音，选择正确答案

（1）坐公交车时应该在哪个门上车？（　　）

  A. 前门   B. 中门

  C. 后门   D. 都可以

（2）大卫为什么买票？（　　）

  A. 没带公交卡   B. 没有零钱

  C. 公交卡丢了   D. 公交卡里没钱了

（3）大卫买票花了多少钱？（　　）

  A. 两块   B. 五块

  C. 一百块   D. 一块

第 9 课　糟糕的一天

2. 再听一遍录音，根据提示问题与词语复述这段对话

大卫在公交车上发生了什么事情？

（提示词语：公交卡；买票；零钱）

综合练习

一　根据提示词语，复述听到的短文

对……来说	糟糕	摔倒	摔坏
看不清楚	理	跟……打招呼	忘了带
没写下来	又	饭卡	公交卡
零钱	女乘客		

二　请你和同学扮演不同的角色，完成下面的对话

（1）最糟糕的一天

A：像大卫一样，我也有过这样糟糕的一天。
B：你能给我讲讲吗？
A：好啊。事情是这样的……。
B：这真是……。希望……。

（2）最开心的一天

A：你还记得你最开心的一天是哪天吗？
B：让我想想，我觉得应该是……。
A：为什么那天你最开心？
B：因为……。

三　四至五个同学一组，每组编一个糟糕的故事，然后把这个故事讲给大家听，看看哪组的故事最糟糕

常用句子

1. 我不小心摔倒了,眼镜也一下子摔坏了。
2. 我眼睛近视,没戴眼镜,看不清楚。
3. 张红跟我打招呼,我没理她。
4. 上课时我发现自己忘了带笔。
5. 老师说得太快,我写不下来。
6. 我看不清楚黑板上的字。
7. 我好像忘了带饭卡。
8. 坐公交车没有零钱,怎么办?
9. 今天真是糟糕的一天!

第 10 课 你的旅行怎么样

听力录音

词语

10-1

1.	照*	zhào	动	to photograph; to take (a picture)
2.	拐*	guǎi	动	to limp
3.	交*	jiāo	动	to make (friends with)
4.	摆*	bǎi	动	to lay; to set
5.	墙*	qiáng	名	wall
6.	相片*	xiàngpiàn	名	photograph
7.	阳光*	yángguāng	名	sunlight
8.	灿烂*	cànlàn	形	brilliant; glorious
9.	水饺	shuǐjiǎo	名	dumpling (with meat and vegetable stuffing)
10.	回	huí	量	measure word (used in times of action)
11.	感到*	gǎndào	动	to feel
12.	奇怪*	qíguài	形	strange; odd
13.	右*	yòu	名	right
14.	食指*	shízhǐ	名	index finger
15.	一边*	yìbiān	副	at the same time; simultaneously
16.	中指*	zhōngzhǐ	名	middle finger

17.	动作	dòngzuò	名	action; movement
18.	幸运	xìngyùn	形	lucky; fortunate
19.	外卖	wàimài	名	take-out food
20.	帮助	bāngzhù	动	to help
21.	开心*	kāixīn	形	happy; glad
22.	笑*	xiào	动	to smile; to laugh

听说词语

一 听录音，把下面词语的拼音写完整，标好声调，并大声朗读

1. zh__o（照）
2. gu__i（拐）
3. ji__o（交）
4. b__i（摆）
5. qi__ng（墙）
6. xi__ngpi__n（相片）
7. y__nggu__ng（阳光）
8. c__nl__n（灿烂）
9. shu__ji__o（水饺）
10. hu__（回）
11. g__nd__o（感到）
12. q__gu__i（奇怪）
13. y__u（右）
14. sh__zh__（食指）
15. y__bi__n（一边）
16. zh__ngzh__（中指）
17. d__ngzu__（动作）
18. x__ngy__n（幸运）
19. w__im__i（外卖）
20. b__ngzh__（帮助）
21. k__ix__n（开心）
22. xi__o（笑）

二 把听到的词语写在相应的图片下面，并大声朗读

1. _____

2. _____

3. _____

4. _____

 三 把听到的词语填到表中相应的位置，并大声朗读

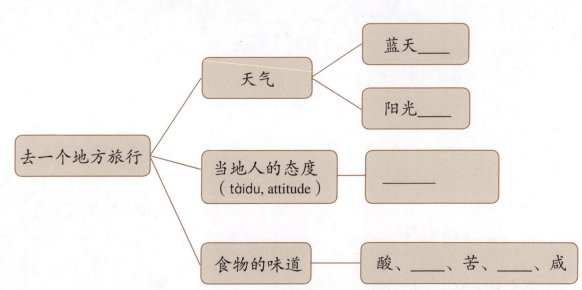

听说短语

一 听录音，把下面的短语补充完整，并大声朗读

10-5

1. _____外卖
2. 阳光_____
3. 来_____一家饭馆儿
4. 墙上_____着相片
5. 记不_____
6. 听_____我的话
7. 走_____
8. _____右拐

二 跟着录音大声朗读下面的短语

10-6

1. 有点儿堵车　　　在网上订外卖　　　送到家
   蓝天白云　　　　阳光灿烂
2. 笑得多开心　　　做吃饭的动作　　　交新朋友
   找不到宾馆　　　走来走去

三 听录音，把下面的句子补充完整，并大声朗读

10-7

1. 我在网上_____。
2. 我不累，就是_____。
3. _____很多相片。
4. 旅行的时候，我喜欢_____。
5. 我一个人_____，走了半个多小时。
6. 一个女孩儿_____，问我是不是需要帮助。
7. 我_____说，_____做吃饭的动作，她一看就明白了。
8. 大卫右手的食指和中指_____V字。

94

第10课　你的旅行怎么样

听说句子

一　听句子，选择正确的回答，把答案填在括号里

1. （　）A. 我不累，就是有点儿饿　　B. 真不好意思
         C. 路上堵车了
2. （　）A. 我都饿了　　　　　　　　B. 好，就订你说的这家
         C. 让他送到家吧
3. （　）A. 我笑得多开心　　　　　　B. 那儿蓝天白云，阳光灿烂
         C. 我可能是2013年去的
4. （　）A. 特别开心　　　　　　　　B. 特别有趣
         C. 我非常喜欢吃那儿的菜
5. （　）A. 一遍一遍做动作　　　　　B. 慢慢做动作
         C. 一边说一边做动作

二　把听到的句子的序号填到相应的图片下面，并大声朗读

（1）_____

（2）_____

（3）_____

（4）_____

95

三 跟着录音大声朗读下面的句子

1. 不好意思,今天路上有点儿堵车。
2. 那是我新交的朋友。
3. 一直走一百米,然后往右拐。
4. 我找不到宾馆了,是她帮的我。
5. 墙上的相片是我旅行的时候照的。
6. 我玩儿得特别开心,有很多有意思的事儿。
7. 我们在网上订外卖吧。
8. 那儿蓝天白云,阳光灿烂,还有很多好吃的东西。

四 回答录音中的问题

听说一段话

听录音,做练习

[第一段录音] 去大卫家玩儿

1. 听录音,选择正确答案

(1) 安娜为什么来晚了?(　　)
  A. 路上堵车了   B. 安娜饿了
  C. 安娜家离大卫家太远了   D. 安娜订了四川菜

(2) 大卫让安娜做什么?(　　)
  A. 等一会儿   B. 订外卖
  C. 坐下休息会儿   D. 先吃饭

(3) 大卫和安娜在哪儿吃饭?(　　)
  A. 在家   B. 在饭馆儿
  C. 楼下   D. 不知道

第 10 课　你的旅行怎么样

2. 再听一遍录音，根据提示问题与词语复述这段对话

（1）安娜为什么来晚了？
（2）到大卫家以后，他们做了什么？
（提示词语：堵车；有点儿；网上；订；外卖）

[第二段录音] 旅行的相片

10-13

1. 听录音，选择正确答案

（1）大卫家的墙上贴着什么？（　　）
　　A. 相片　　　　　　　　　B. 画
　　C. 纸　　　　　　　　　　D. 什么也没贴

（2）大卫最喜欢的相片是哪张？（　　）
　　A. 有四川人的相片　　　　B. 在四川照的相片
　　C. 和别人的合影　　　　　D. 吃东西的相片

（3）大卫为什么喜欢四川？（　　）
　　A. 四川的阳光好　　　　　B. 四川人热情，好吃的多
　　C. 可以拍很多相片　　　　D. 四川人说话清楚

2. 再听一遍录音，根据提示问题与词语复述这段对话

（1）大卫是什么时候去的四川？
（2）大卫在四川拍的相片怎么样？
（提示词语：可能；蓝天；阳光；笑；摆）

[第三段录音] 旅行中一件有意思的事儿

10-14

1. 听录音，选择正确答案

（1）大卫想吃什么？（　　）
　　A. 包子　　　　　　　　　B. 米饭
　　C. 好吃的　　　　　　　　D. 水饺

（2）服务员认为大卫想做什么？（　　）
　　A. 吃饭　　　　　　　　　B. 睡觉
　　C. 开玩笑　　　　　　　　D. 不知道大卫想做什么

（3）服务员为什么听懂了？（　　）
　　A. 大卫说了很多次　　　　B. 大卫练习了很多次
　　C. 大卫一边说一边做动作　D. 大卫让服务员看手机

97

2. 再听一遍录音，根据提示问题与词语复述这段对话

大卫旅行的时候，发生了什么有意思的事儿？

（提示词语：睡觉；水饺；听懂；一边……一边……；一……就……）

[第四段录音] 旅行中一件幸运的事儿

1. 听录音，选择正确答案

（1）大卫和那个女孩儿是怎么认识的？（　　）

　　A. 女孩儿帮助了大卫　　　　　B. 大卫帮助了她

　　C. 他们在宾馆认识的　　　　　D. 女孩儿是宾馆的服务员

（2）大卫为什么在路上走来走去？（　　）

　　A. 找不到钥匙了　　　　　　　B. 想在路上走走

　　C. 找不到宾馆了　　　　　　　D. 看见了一个漂亮的姑娘

（3）大卫应该怎么走才能到宾馆？（　　）

　　A. 往右拐，然后往前走一百米　　B. 往前走，然后往右，拐走一百米

　　C. 往前走一百米，然后往右拐　　D. 往前走一百米，然后往左拐

2. 再听一遍录音，根据提示问题与词语复述这段对话

（1）安娜为什么觉得大卫很幸运？

（2）女孩儿是怎么帮助大卫的？

（提示词语：有一天；找不到；V来V去；往……走；然后）

综合练习

一 根据提示词语，复述听到的短文

贴着	最喜欢	蓝天	阳光	开心	热情
记不清楚	可能	有意思	水饺	睡觉	想吃
听成	认识	找不到	帮助	是……的	

二 请你和同学扮演不同的角色，完成下面的对话

（1）去过哪儿旅行

A：你喜欢旅行吗？
B：……。
A：你去过哪儿？
B：我去过……。
A：你最喜欢的地方是哪儿？
B：……，因为……。

（2）在旅行时最开心的事儿

A：你去……玩儿得怎么样？
B：我玩儿得……。
A：有什么有意思的事儿吗？给我讲讲吧。
B：我记得……。
A：在旅行时，你遇到过什么困难吗？
B：……。

（3）还想去哪儿旅行

A：如果你有时间，你还想去哪儿旅行？
B：我想去……。
A：为什么？
B：因为……。
A：我也想去……，如果有机会，我们一起去吧！
B：……。

三 根据下面的参考词语和句式，给大家讲一讲你的一次旅行

1. 你去哪儿旅行了？
2. 你玩儿得怎么样？
3. 旅行中你遇到了什么有意思的事情？
4. 你还想去什么地方旅行？为什么？

参考词语

拍（相片）　　　有意思　　　开心　　　环境
阳光　　　　　　热情　　　　幸运

参考句式

V+着　　　　　找不到　　　听不懂　　　　一边……一边……
记不清楚　　　往……走　　（往）……拐

四 小调查：问三至五个朋友关于旅行的问题，并将调查结果在班里报告。可以问下面的问题

1. 你喜欢旅行吗？为什么？
2. 你喜欢和谁一起去旅行？为什么？
3. 你喜欢去什么样的地方旅行？
4. 你觉得旅行会给你带来什么？

常用句子

1. 我家墙上贴着很多旅行时照的照片。
2. 我记不清楚了，可能是2018年去的那儿。
3. 那儿蓝天白云，阳光灿烂，真漂亮！
4. 那儿的人很热情，好吃的东西又多，所以我很喜欢那儿。
5. 我在旅行中交了几个新朋友。
6. 我一边说，一边做动作，服务员才明白我要"水饺"。
7. 我找不到宾馆了，急得我在路上走来走去。
8. 这个时候，我看见一个人走过来，她帮助了我。
9. 我真幸运！

第11课 做一个家常菜

听力录音

词语

11-1

1.	家常菜*	jiāchángcài	名	home-made dish(food)
2.	教*	jiāo	动	to teach
3.	切*	qiē	动	to cut
4.	丝*	sī	名	narrow pieces
5.	盐*	yán	名	salt
6.	蒜	suàn	名	garlic
7.	洗	xǐ	动	to wash
8.	片	piàn	名	slice
9.	锅*	guō	名	pan
10.	火*	huǒ	名	fire
11.	油*	yóu	名	oil
12.	倒	dào	动	to pour
13.	熟	shóu	形	cooked
14.	醋	cù	名	vinegar
15.	酸*	suān	形	sour
16.	最后*	zuìhòu	名	finally

101

17.	加*	jiā	动	to add
18.	热	rè	形	hot
19.	土豆	tǔdòu	名	potato
20.	辣椒	làjiāo	名	pepper
21.	超市	chāoshì	名	supermarket
22.	新鲜	xīnxiān	形	fresh
23.	皮	pí	名	peel
24.	去掉	qù diào		to remove
25.	原料*	yuánliào	名	raw material
26.	把*	bǎ	介	showing the influence on sb. or sth., or how sth. is dealt with
27.	尝*	cháng	动	to taste
28.	点着*	diǎn zháo		to light a fire
29.	可口*	kěkǒu	形	tasty

听说词语

  听录音，把下面词语的拼音写完整，标好声调，并大声朗读

11-2

1. ji__o（教） 2. qi__（切）

3. s__（丝） 4. y__n（盐）

5. su__n（蒜） 6. x__（洗）

7. pi__n（片） 8. gu__（锅）

9. hu__（火） 10. y__u（油）

第11课　做一个家常菜

11. d__o（倒）　　　　　　　12. sh__u（熟）

13. c__（醋）　　　　　　　14. su__n（酸）

15. zu__h__u（最后）　　　　16. ji__（加）

17. r__（热）　　　　　　　18. t__d__u（土豆）

19. l__ji__o（辣椒）　　　　20. ch__osh__（超市）

21. x__nxi__n（新鲜）　　　22. p__（皮）

23. q__ di__o（去掉）　　　24. yu__nli__o（原料）

25. b__（把）　　　　　　　26. ch__ng（尝）

27. di__n zh__o（点着）　　28. ji__ch__ngc__i（家常菜）

29. k__k__u（可口）

　二　把听到的词语写在相应的图片下面，并大声朗读

11-3

1. _____　　　　　　　　　　2. _____

3. _____　　　　　　　　　　4. _____

103

三 把听到的词语填到表中相应的位置，并大声朗读

原料：＿＿＿＿＿＿＿＿＿＿＿＿＿＿＿＿＿＿＿＿＿＿＿＿

调料（tiáoliào，seasonings）：＿＿＿＿＿＿＿＿＿＿＿＿＿＿

做法：＿＿＿＿＿＿＿＿＿＿＿＿＿＿＿＿＿＿＿＿＿＿＿＿

听说短语

一 听录音，把下面的短语补充完整，并大声朗读

1. ＿＿＿家常菜
2. ＿＿＿土豆洗干净
3. 把火＿＿＿
4. 把土豆切成＿＿＿
5. 把蒜切＿＿＿片儿
6. 做＿＿＿难
7. 忘了＿＿＿醋
8. 把锅放在火＿＿＿
9. ＿＿＿炒一会儿
10. ＿＿＿一点儿油

二 跟着录音大声朗读下面的短语

1. 做家常菜　　　听起来　　　又新鲜又便宜
   往锅里倒油　　加点儿盐
2. 把土豆洗干净　把土豆的皮去掉　把土豆切成丝

三 听录音，把下面的句子补充完整，并大声朗读

1. 别＿＿＿＿＿＿＿＿＿＿＿＿＿＿＿＿＿。
2. 做菜＿＿＿＿＿＿＿容易，＿＿＿＿＿＿＿＿＿难。
3. 等锅热了，就＿＿＿＿＿＿＿＿＿＿＿＿。
4. 快炒好的时候，再＿＿＿＿＿＿＿＿＿＿＿。

第 11 课　做一个家常菜

5. 今天老师教我_____。

6. 这些土豆真不错，_____。

7. 这道菜_____不错，_____。

8. _____把土豆洗干净，_____把土豆的皮去掉，_____把土豆切成丝。

听说句子

一　听句子，选择正确的回答，把答案填在括号里

1. （　） A. 我喜欢做饭　　　　　　　B. 这需要很长的时间
   C. 难不难，一做就知道了

2. （　） A. 炒一下儿就可以了　　　　B. 鸡蛋和西红柿
   C. 家里没有土豆了

3. （　） A. 切成丝　　　　　　　　　B. 两个就够了
   C. 又新鲜又不贵

4. （　） A. 把土豆洗干净　　　　　　B. 把土豆的皮去掉
   C. 把土豆切成丝

5. （　） A. 等锅热了　　　　　　　　B. 先把火点着
   C. 别着急，慢慢来

二　把听到的句子的序号填到相应的图片下面，并大声朗读

（1）_____

（2）_____

105

（3）_____   （4）_____

三 跟着录音大声朗读下面的句子

1. 今天玛丽教我做了一个家常菜。
2. 洗几个土豆？
3. 我们现在把火点着。
4. 先炒一下儿蒜。
5. 你先放土豆丝，再放辣椒丝。
6. 你应该再加一点儿盐。
7. 等快炒好的时候，放醋就可以。
8. 这道菜炒一会儿就熟了。
9. 说起来容易，做起来难啊。
10. 这道菜看起来不错，吃起来很可口。

四 回答录音中的问题

听说一段话

听录音，做练习

[第一段录音] 要做家常菜

1. 听录音，选择正确答案

（1）玛丽和大卫要做什么菜？（   ）

A. 炒土豆   B. 炒辣椒

C. 炒土豆丝   D. 炒辣椒丝

（2）玛丽要去超市买什么？（　　　）
　　A. 蒜　　　　　　　　B. 油
　　C. 盐　　　　　　　　D. 土豆

2. 再听一遍录音，根据提示问题与词语复述这段对话
（1）玛丽想和大卫一起做什么菜？
（2）大卫觉得做这个菜难不难？
（3）为什么要去超市买菜？
（提示词语：听起来；一……就……；需要）

[第二段录音] 准备原料

1. 听录音，选择正确答案
（1）玛丽买的土豆怎么样？（　　　）
　　A. 不新鲜　　　　　　B. 不便宜
　　C. 又不好又贵　　　　D. 又新鲜又便宜

（2）他们打算洗几个土豆？（　　　）
　　A. 一个　　　　　　　B. 两个
　　C. 三个　　　　　　　D. 四个

（3）玛丽认为应该把什么切成片儿？（　　　）
　　A. 蒜　　　　　　　　B. 辣椒
　　C. 土豆　　　　　　　D. 土豆和辣椒

2. 再听一遍录音，根据提示问题与词语复述这段对话
玛丽和大卫准备原料的时候做了什么？
（提示词语：洗；把；丝；片儿）

[第三段录音] 做菜

1. 听录音，选择正确答案
（1）炒土豆丝时玛丽先做了什么？（　　　）
　　A. 把油倒进锅里　　　　B. 把辣椒丝放进锅里
　　C. 把土豆丝放进锅里　　D. 把火点着，把锅放在火上

（2）炒土豆丝时应该什么时候放盐？（　　）

　　A. 放油的时候　　　　　　B. 放辣椒丝以后

　　C. 放土豆丝的时候　　　　D. 锅热了，放蒜的时候

2. 再听一遍录音，根据提示问题与词语复述这段对话

玛丽是怎么做炒土豆丝的？

（提示词语：先……再……；往……倒；把；放；炒；加）

[第四段录音] 尝尝菜

11-15

1. 听录音，选择正确答案

（1）大卫觉得玛丽做的菜怎么样？（　　）

　　A. 很不错　　　　　　　　B. 不太好吃

　　C. 有点儿酸　　　　　　　D. 又酸又辣

（2）炒土豆丝什么时候放醋？（　　）

　　A. 炒辣椒的时候　　　　　B. 最后的时候

　　C. 刚开始炒的时候　　　　D. 炒土豆的时候

2. 再听一遍录音，根据提示问题与词语复述这段对话

（1）炒土豆丝要放什么？什么时候放？

（2）这个菜吃起来怎么样？怎么做会更好吃？

（提示词语：放；最后；加；吃起来；又……又……；可口）

综合练习

一　根据提示词语，复述听到的短文

11-16

做家常菜	炒土豆丝	需要	辣椒
油	盐	蒜	先……然后……
把	切成	丝	片儿
原料	再	等	往……倒
熟	过一会儿	辣椒丝	V起来
可口	如果再……	又……又……	

第 11 课 做一个家常菜

二 按照做菜的顺序，给下面的句子排序，并按照排好的顺序大声朗读

（　）把土豆的皮去掉
（　）再把辣椒切成丝
（　）先炒一下儿蒜
（　）把火点着
（　）再加一点儿盐
（　）把土豆切成丝
（　）把锅放在火上
（　）把土豆洗干净
（　）把辣椒丝放进锅里再炒一会儿
（　）把蒜切成片儿
（　）往锅里倒一点儿油
（　）然后把土豆丝倒进锅里，炒一会儿
（　）最后放一点儿醋

三 请你和同学扮演不同的角色，完成下面的对话

（1）最喜欢的家常菜

A：你最喜欢的家常菜是什么？
B：……。
A：你们家常常做这个菜吗？
B：……。
A：这个菜谁做得好吃？
B：……。

（2）会做什么家常菜

A：你会做家常菜吗？
B：……。
A：你做哪个家常菜做得最好？
B：……。
A：是谁教你做的？
B：……。

（3）这个菜怎么做

A：做这个菜难不难？

B：……起来……。

A：这个菜需要什么原料？

B：……。

A：这些原料要怎么准备？

B：把……。

A：原料准备好了以后，做什么？

B：把……。

A：什么时候炒……？

B：……。

A：什么时候放……？

B：……。

A：……起来……，我有时间也试试。

四 根据下列问题，向同学介绍一道你会做的家常菜

1. 这个菜叫什么名字？
2. 你是怎么知道这个菜的？
3. 你是跟谁学做这个菜的？
4. 做这个菜需要什么原料？
5. 这个菜怎么做？先做什么？然后呢？
6. 这个菜吃起来怎么样？

五 根据下面的参考词语和句式，说一说你们国家最有名的菜是什么，怎么做这道菜

参考词语

需要　　原料　　干净　　切　　洗　　……的时候　　好吃

参考句式

V起来　　先……再……最后……　　把……　　又……又……

第 11 课　做一个家常菜

常用句子

1. 我教你做一个家常菜。
2. 难不难，一做就知道了。
3. 做这个菜需要什么？
4. 去超市买些土豆吧。
5. 我买的土豆又新鲜又不贵。
6. 把土豆去皮，切成丝。
7. 把火点着，把锅放在火上。
8. 先放土豆丝，再放辣椒丝，最后加点儿盐。
9. 再炒一会儿就熟了。
10. 说起来容易，做起来难。

第 12 课 搬进学校的宿舍

听力录音

词语

12-1

1.	重*	zhòng	形	heavy
2.	湖	hú	名	lake
3.	搬家*	bān jiā		to move house
4.	收拾	shōushi	动	to pack; to clear away
5.	房间	fángjiān	名	room
6.	号码	hàomǎ	名	number
7.	聪明	cōngming	形	smart; clever
8.	箱子*	xiāngzi	名	box
9.	家具	jiājù	名	furniture
10.	条件*	tiáojiàn	名	condition
11.	风景	fēngjǐng	名	scenery
12.	散步	sàn bù		to go for a walk
13.	西边	xībian	名	west
14.	南边*	nánbian	名	south
15.	担心	dānxīn	动	to worry
16.	公司*	gōngsī	名	company
17.	纸*	zhǐ	名	paper
18.	咦*	yí	叹	well; why (expressing surprise)

第 12 课　搬进学校的宿舍

19.	按*	àn	介	according to
20.	北边	běibian	名	north
21.	东边	dōngbian	名	east
22.	安静*	ānjìng	形	quiet
23.	东门	dōngmén	名	east gate
24.	公园*	gōngyuán	名	park
25.	树	shù	名	tree
26.	桌子*	zhuōzi	名	table

听说词语

 一　听录音，把下面词语的拼音写完整，标好声调，并大声朗读

12-2

1. zh__ng（重）
2. h__（湖）
3. b__n ji__（搬家）
4. sh__ush__（收拾）
5. f__ngji__n（房间）
6. h__om__（号码）
7. c__ngm__ng（聪明）
8. xi__ngz__（箱子）
9. ji__j__（家具）
10. ti__oji__n（条件）
11. f__ngj__ng（风景）
12. s__n b__（散步）
13. x__bi__n（西边）
14. n__nbi__n（南边）
15. d__nx__n（担心）
16. g__ngs__（公司）
17. zh__（纸）
18. y__（咦）
19. __n（按）
20. b__ibi__n（北边）
21. d__ngbi__n（东边）
22. __nj__ng（安静）

113

23. d__ngm__n（东门）   24. g__ngyu__n（公园）

25. sh__（树）   26. zhu__z__（桌子）

  二 把听到的词语写在相应的图片下面，并大声朗读

12-3

1. _____

2. _____

3. _____

4. _____

听说短语

  一 听录音，把下面的短语补充完整，并大声朗读

12-4

1. _____号码放东西   2. 搬_____学校里

3. 把东西放在箱子_____   4. _____帮你

5. 把它们搬_____   6. _____宿舍不远

7. _____搬家公司   8. _____这里很满意

9. 看_____不大   10. 搬不_____

第 12 课　搬进学校的宿舍

　二　跟着录音大声朗读下面的短语

12-5

1. 收拾东西　　　　搬到宿舍楼里　　　马上就过去　　　按号码放
2. 请搬家公司　　　这么重　　　　　　离东门不远　　　把箱子搬走

　三　听录音，把下面的句子补充完整，并大声朗读

12-6

1. 好，我_____。

2. 请_____这些东西_____。

3. 你可以来帮我_____？

4. 别担心，我请了_____。

5. 我_____箱子上的_____放东西。

6. 这儿附近有个超市，_____东门_____。

7. 你要_____哪个_____？

8. 这个箱子看起来不大，怎么_____？

9. 我在湖边_____散步_____练习中文。

10. 这样_____可以知道_____有多少个箱子，_____还能知道每个箱子里有什么。

听说句子

　一　听句子，选择正确的回答，把答案填在括号里

12-7

1. (　) A. 这个主意不错　　　　　　B. 那就太好了
　　　　C. 可以来帮我收拾东西

2. (　) A. 要搬的箱子很多　　　　　B. 4号楼
　　　　C. 这些东西有点儿重，小心

115

3. （　）A. 你来了　　　　　　　　　　B. 你真聪明啊
        C. 帮我把这些东西放在箱子里吧
4. （　）A. 把这些都搬走吗　　　　　　B. 别担心，我请了搬家公司
        C. 太重了，我们搬不了啊
5. （　）A. 我对这里太满意了　　　　　B. 外面的风景很漂亮
        C. 很不错，又大又干净

二　把听到的句子的序号填到相应的图片下面，并大声朗读

（1）＿＿＿＿＿＿

（2）＿＿＿＿＿＿

（3）＿＿＿＿＿＿

（4）＿＿＿＿＿＿

三　跟着录音大声朗读下面的句子

1. 他们马上就过来。
2. 别担心，我请了搬家公司。
3. 我要搬到学校的留学生宿舍楼。
4. 你把这些东西放在这个箱子里。
5. 如果你能帮我收拾一下儿东西，那就太好了。
6. 如果这个箱子放不下，也可以放在那个箱子里。

7. 外面的风景很美，南边有一个湖。
8. 按号码放可以让我知道一共有多少个箱子。

四 回答录音中的问题

听说一段话

听录音，做练习

[第一段录音] 大卫要搬家

1. 听录音，选择正确答案

（1）大卫今天下午要做什么？（　　）
　　A. 去613房间　　　　　B. 搬家
　　C. 去找安娜　　　　　　D. 过去帮安娜

（2）安娜住在哪个房间？（　　）
　　A. 603　　　　　　　　B. 604
　　C. 613　　　　　　　　D. 614

（3）安娜要做什么？（　　）
　　A. 帮大卫收拾东西　　　B. 去大卫的宿舍看看
　　C. 去搬到613房间　　　D. 她要给大卫打电话

2. 再听一遍录音，根据提示问题与词语复述这段对话
　　（1）大卫要做什么？他搬到哪儿？
　　（2）大卫需要安娜做什么？
　　（提示词语：搬家；搬到；收拾；帮）

[第二段录音] 收拾东西

1. 听录音，选择正确答案

（1）大卫让安娜做什么？（　　）
　　A. 写箱子里有什么　　　　B. 在箱子上写数字
　　C. 把东西放在箱子里　　　D. 安娜不需要做什么

（2）大卫认为桌子上的书应该怎么放？（　　）
　　A. 放在1号箱子里　　　　　B. 放在2号箱子里
　　C. 放在1号箱子或2号箱子里　D. 1号箱子放不下，再放2号箱子

2. 再听一遍录音，根据提示问题与词语复述这段对话

（1）安娜在帮大卫做什么？
（2）箱子上的号码有什么用？
（提示词语：按；把……放在……里；不但……而且……；如果；放不下）

[第三段录音] 找搬家公司

1. 听录音，选择正确答案

（1）大卫请谁来搬家？（　　）
　　A. 安娜　　　　　　　　　B. 搬家公司
　　C. 大卫的朋友　　　　　　D. 安娜的朋友

（2）大卫要搬什么东西？（　　）
　　A. 一些箱子和六个家具　　B. 一些箱子
　　C. 六个箱子和一些家具　　D. 六个箱子和六套家具

（3）箱子看起来不大，为什么那么重？（　　）
　　A. 箱子里面是电视　　　　B. 箱子里面是书
　　C. 箱子里面都是衣服　　　D. 箱子里面是家具

2. 再听一遍录音，根据提示问题与词语复述这段对话

（1）大卫要搬走什么？
（2）那个箱子为什么这么重？
（提示词语：把……搬走；看起来；里面）

第 12 课　搬进学校的宿舍

[第四段录音] 宿舍的条件

1. 听录音，选择正确答案

（1）大卫的房间怎么样？（　　）

A. 又大又干净，而且有卫生间　　B. 又小又不干净，但有卫生间
C. 又大又干净，但没有卫生间　　D. 又小又不干净，也没有卫生间

（2）宿舍的周围没有什么？（　　）

A. 湖　　　　　　　　　　　　B. 树
C. 小公园　　　　　　　　　　D. 图书馆

2. 再听一遍录音，根据提示问题与词语复述这段对话

（1）大卫的房间条件怎么样？
（2）外面的风景怎么样？
（3）房子附近有什么？

（提示词语：又……又……；南边；北边；一边……一边……；安静；西边；东边）

综合练习

一　根据提示词语，复述听到的短文

收拾	号码	不但……而且……	搬不了
请	搬家公司	对……满意	条件
又……又……	风景	南边	北边
西边	东边	离……不远	散步
一边……一边……			

二　请你和同学扮演不同的角色，完成下面的对话

（1）请朋友帮忙收拾东西

A：……，我明天下午要搬家，你可以过来帮我……吗？
B：没问题。我马上……。
A：谢谢。

（B到了A家）

A：需要我做什么？

B：帮我把……放在……就可以了。

A：好的。还需要我做什么吗？

B：……。

A：你的箱子真重，我们……，怎么办？

B：没事儿，我请……公司了。谢谢你过来帮我……。

（2）请搬家公司帮忙搬家

A：你好，是搬家公司吗？

B：是的。您好，有什么可以帮您的？

A：我想请你们来……。

B：好，您住在哪儿？要搬到哪儿？

A：我住在……，要搬到……。

B：好的。您打算什么时候搬家？

A：……。

B：好的。我们会……（时间）去您家。

A：好，谢谢。

三 根据下面的参考词语和句式，说一说你希望以后住什么样的房子

1. 你希望自己未来的房子是什么样的？
2. 你希望房子里有什么？
3. 你希望房子周围的风景怎么样？

参考词语

| 房间 | 离 | 里面 | 外面 | 南边 |
| 北边 | 东边 | 西边 | 周围 | 附近 |

参考句式

| 把…… | 又……又…… | 一边……一边…… |
| 不但……而且…… | 看起来…… | |

第 12 课　搬进学校的宿舍

四　课堂活动：请同学们和老师一起收拾一下儿教室。老师用"把"字句告诉一位同学做什么，接下来这位同学用"把"字句告诉另一位同学做什么，由此接下去

常用句子

1. 你要搬到哪儿？
2. 需要我帮你收拾东西吗？
3. 我按纸箱子上的号码放东西。
4. 如果一个纸箱子放不下，可以放在另一个箱子里。
5. 搬家公司帮我把这些东西搬走。
6. 这个箱子怎么这么重？
7. 房子西边有个超市。
8. 离学校东门不远有个小公园，那里很安静。
9. 我可以一边散步一边练习中文。
10. 这儿的条件真不错！

第 13 课 我叫"不紧张"

听力录音

词语

13-1

1.	紧张	jǐnzhāng	形	nervous
2.	遍*	biàn	量	measure word (for time in repetition)
3.	成绩*	chéngjì	名	grade; score
4.	得*	dé	动	to get
5.	难过*	nánguò	形	sad
6.	其实*	qíshí	副	actually
7.	记住	jì zhù		to bear in mind
8.	害怕	hàipà	动	to fear
9.	也许	yěxǔ	副	maybe
10.	认真*	rènzhēn	形	serious; earnest
11.	答案	dá'àn	名	answer
12.	终于	zhōngyú	副	finally
13.	不管*	bùguǎn	连	no matter
14.	闭	bì	动	to close
15.	呼吸	hūxī	动	to breathe
16.	道	dào	量	measure word (for examination questions)
17.	……分之……*	……fēnzhī……		percent

122

第13课　我叫"不紧张"

18.	越……越……*	yuè……yuè……		the more… the more…
19.	努力	nǔlì	形	to make great efforts
20.	连……都……*	lián……dōu……		even
21.	记得*	jìde	动	to remember
22.	考试	kǎo shì		to examine
23.	遇到*	yù dào		to run into; to encounter
24.	希望	xīwàng	动	to hope
25.	深	shēn	形	deep

听说词语

13-2

一　听录音，把下面词语的拼音写完整，标好声调，并大声朗读

1. bi__n（遍）　　　　　　　2. ch__ngj__（成绩）

3. d__（得）　　　　　　　　4. n__ngu__（难过）

5. j__nzh__ng（紧张）　　　　6. q__sh__（其实）

7. j__ zh__（记住）　　　　　8. h__ip__（害怕）

9. y__x__（也许）　　　　　　10. r__nzh__n（认真）

11. d__'__n（答案）　　　　　12. zh__ngy__（终于）

13. b__gu__n（不管）　　　　14. b__ sh__ng（闭上）

15. h__x__（呼吸）　　　　　16. d__o（道）

17. s__n f__nzh__ y__（三分之一）　18. yu__（越）

19. n__l__（努力）　　　　　　20. li__n（连）

21. j__d__（记得）　　　　　　22. k__o sh__（考试）

23. y__ d__o（遇到）   24. x__w__ng（希望）

25. sh__n（深）

  把听到的词语写在相应的图片下面，并大声朗读

1. _____

2. _____

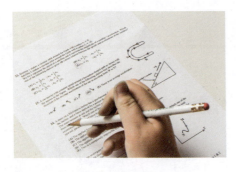

3. _____

4. _____

  根据听到的内容把下图补充完整

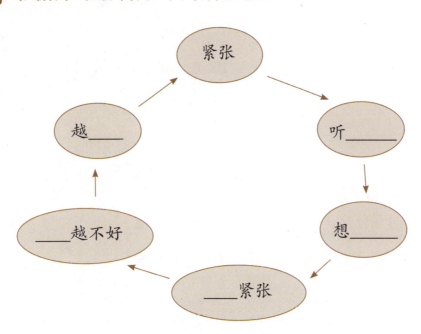

第 13 课　我叫"不紧张"

听说短语

一 听录音，把下面的短语补充完整，并大声朗读

13-5

1. _____起来
2. 想_____出来
3. 只_____了80分
4. 说不_____
5. 记_____了你
6. _____"你好"_____说不出来
7. _____不知道怎么说_____紧张
8. _____有什么问题都不紧张
9. 一_____一_____告诉自己

二 跟着录音大声朗读下面的短语

13-6

1. 成绩不好　　三分之一　　连"你好"都忘了　　努力学习
2. 别难过　　一遍一遍　　丢不了很多分　　容易紧张

三 听录音，把下面的句子补充完整，并大声朗读

13-7

1. 听力我听懂了_____。
2. 我紧张得_____。
3. _____，下次好好儿准备考试。
4. 写错_____，_____很多分。
5. 这次考试我的_____，我要_____。
6. 你_____难过，_____记不住学习过的东西。
7. _____，这只是一次小考试，成绩不太重要。
8. 紧张的时候，_____告诉自己："我叫不紧张。"

听说句子

一 听句子,选择正确的回答,把答案填在括号里

1. ( ) A. 我的成绩很好　　　　　B. 因为这次考试我的成绩不好
2. ( ) A. 我准备得不好　　　　　B. 考试不难
3. ( ) A. 因为我害怕成绩不好　　B. 因为我准备得很好
4. ( ) A. 什么都不想,深呼吸　　B. 越紧张,越什么都想不出来

二 听句子,连线

1. 听力我只听懂了三分之一　　　　紧张得连"你好"都忘了怎么说
2. 我第一次上中文课的时候　　　　不管遇到什么问题,都不紧张
3. 别害怕,认真想一想　　　　　　可能你就能想出答案来
4. 我希望和你一样　　　　　　　　越紧张,越想不起来
5. 越想不起来,越紧张　　　　　　很多汉字也忘了怎么写

三 跟着录音大声朗读下面的句子

1. 我越想考好,越紧张。
2. 我的考试成绩不好,我很难过。
3. 为了准备考试,我每天都努力学习。
4. 我只听懂了三分之一,还有很多汉字忘了怎么写。
5. 我是一个爱紧张的人。
6. 我一遍一遍告诉自己,我叫"不紧张"。

四 回答录音中的问题

第13课 我叫"不紧张"

听说一段话

■ 听录音，做练习

🎧 13-12

[第一段录音] 安娜的考试成绩

1. 听录音，选择正确答案

（1）安娜为什么看起来不开心？（ ）
　　A. 因为安娜不努力　　　　　B. 因为安娜的考试成绩不好
　　C. 因为安娜听不懂　　　　　D. 因为安娜要准备考试，很紧张

（2）安娜考试得了多少分？（ ）
　　A. 80分　　　　　　　　　　B. 80.5分
　　C. 85分　　　　　　　　　　D. 85.5分

（3）安娜听力听懂了多少？（ ）
　　A. 三分之一　　　　　　　　B. 三分之二
　　C. 四分之一　　　　　　　　D. 四分之三

2. 再听一遍录音，根据提示问题与词语复述这段对话
（1）安娜看起来怎么样？
（2）安娜考得怎么样？为什么？
（提示词语：看起来；得；紧张；……分之……；想不起来）

🎧 13-13

[第二段录音] 容易紧张

1. 听录音，选择正确答案

（1）什么事情让张红记住了安娜？（ ）
　　A. 安娜考不好　　　　　　　B. 安娜不紧张
　　C. 安娜不喜欢上中文课　　　D. 安娜上课的时候很紧张

（2）安娜紧张的时候会怎么样？（ ）
　　A. 不知道该怎么说　　　　　B. 说很多话
　　C. 紧张得只会说"你好"　　　D. 紧张得记不住张红

127

2. 再听一遍录音，根据提示问题与词语复述这段对话

安娜第一次上中文课的时候发生了什么事情？

（提示词语：紧张；连……都……；越……越……）

[第三段录音] 紧张的原因

13-14

1. 听录音，选择正确答案

（1）考试前安娜准备了吗？（　　）

　　A. 没做准备　　　　　　B. 准备得不错

　　C. 准备得不好　　　　　D. 准备了一个晚上

（2）考试的时候，安娜为什么会紧张？（　　）

　　A. 安娜准备得不好　　　B. 安娜看不懂问题

　　C. 安娜写错了　　　　　D. 安娜害怕遇到不会的问题

2. 再听一遍录音，根据提示问题与词语复述这段对话

（1）考试的时候，安娜会怎么样？

（2）张红认为安娜为什么会这样？

（提示词语：害怕；V 不出来；写错；做对）

[第四段录音] 我叫"不紧张"

13-15

1. 听录音，选择正确答案

（1）安娜为什么希望自己像张红一样？（　　）

　　A. 张红会想准备好的东西

　　B. 张红知道让自己不紧张的方法

　　C. 张红紧张的时候，别人看得出来

　　D. 张红不管遇到什么事情，都不紧张

（2）哪个不是张红让自己不紧张的方法？（　　）

　　A. 深呼吸　　　　　　　B. 什么都不想

　　C. 想想准备好的东西　　D. 告诉自己"我叫'不紧张'"

2. 再听一遍录音，根据提示问题与词语复述这段对话

张红紧张的时候是怎么做的？

（提示词语：深呼吸；闭上；一遍一遍）

综合练习

 一、根据提示词语，复述听到的短文

看起来	成绩	得了……分	听懂
……分之……	想不起来	准备	可是
紧张	深呼吸	闭上	最重要的是
一遍一遍			

二、请你和同学扮演不同的角色，完成下面的对话

（1）什么时候感到紧张

A：……，你什么时候会感到紧张？
B：……的时候，还有……的时候。
A：那……的时候呢？
B：我也会。你呢？
A：……的时候，我会感到紧张。
B：你能想起来那时候发生了什么事情吗？
A：我想一想，是这样的……。

（2）紧张的原因

A：你知道自己为什么会紧张吗？
B：我想可能是因为……，还可能因为……。
A：对，我觉得……。

（3）紧张的时候怎么做

A：紧张的时候，你会怎么做？
B：我会……。
A：这个方法有用吗？
B：对我来说，这个方法……。
A：那我也试试。

三 根据下面的问题，讲一讲你紧张的时候发生的故事

1. 这个故事发生在什么时候？
2. 这个故事发生在哪儿？
3. 故事发生的时候都有谁？
4. 当时你做了什么？
5. 当时发生了什么事情？
6. 你为什么会紧张？
7. 为了让自己不紧张，你做了什么？
8. 这件事情的结果怎么样？

四 根据下面的参考词语和句式，说一说很多人会在什么时候紧张，人们为什么会紧张

参考词语

考试　　害怕　　面试　　约会　　演讲　　担心　　比赛

参考句式

| V + 不出来 | 越……越…… | 连……都…… |
| adj. + 得…… | 一……就…… | 不管……都…… |

五 课堂活动：和你的同学一起讨论让自己不紧张的办法，看谁想出来的办法多，谁的办法最有用

常用句子

1. 你看起来很累。
2. 我成绩不太好，只得了80.5分。
3. 听力我只听懂了三分之一。
4. 我考试的时候太紧张了，什么都想不起来。
5. 我紧张得连"你好"都说不出来。
6. 越紧张，越不知道该怎么说。

第13课　我叫"不紧张"

7. 写错一道题，也丢不了太多分。
8. 她不管遇到什么事情，都不紧张。
9. 闭上眼睛，深呼吸，什么都不要想。
10. 最重要的是，一遍一遍告诉自己，我叫"不紧张"。

第 14 课 实现理想

听力录音

词语

14-1

1.	实现*	shíxiàn	动	to accomplish; to realize
2.	理想*	lǐxiǎng	名	ideal; hope for the future
3.	当*	dāng	动	to work as
4.	歌手	gēshǒu	名	singer
5.	专门*	zhuānmén	副	especially
6.	唱歌	chàng gē		to sing a song
7.	坚持*	jiānchí	动	to insist on
8.	成为*	chéngwéi	动	to become
9.	辅导*	fǔdǎo	动	to coach; to tutor
10.	机会*	jīhuì	名	chance; opportunity
11.	相关	xiāngguān	动	to be in related
12.	消息	xiāoxi	名	message
13.	祝贺*	zhùhè	动	to congratulate
14.	失败*	shībài	动	to fail
15.	信息	xìnxī	名	information; news
16.	幼儿园*	yòu'éryuán	名	kindergarten; nursery school
17.	启发*	qǐfā	动	to enlighten

第14课 实现理想

18.	轻松	qīngsōng	形	easy; relaxed
19.	语言	yǔyán	名	language
20.	沟通*	gōutōng	动	to communicate
21.	更加	gèngjiā	副	to a higher degree
22.	名	míng	量	measure word (for human)
23.	祝	zhù	动	to express good wishes; to make a toast
24.	成功*	chénggōng	动	to succeed
25.	只要*	zhǐyào	连	if only; so long as
26.	小时候*	xiǎoshíhou	名	in one's childhood
27.	以为*	yǐwéi	动	to think; to believe; to consider

听说词语

14-2

一　听录音，把下面词语的拼音写完整，标好声调，并大声朗读

1. d__ng（当）
2. l__xi__ng（理想）
3. g__sh__u（歌手）
4. zhu__nm__n（专门）
5. ch__ng g__（唱歌）
6. ji__nch__（坚持）
7. ch__ngw__i（成为）
8. f__d__o（辅导）
9. j__hu__（机会）
10. xi__nggu__n（相关）
11. xi__ox__（消息）
12. zh__h__（祝贺）
13. sh__b__i（失败）
14. x__nx__（信息）
15. sh__xi__n（实现）
16. y__u'__ryu__n（幼儿园）
17. q__f__（启发）
18. q__ngs__ng（轻松）

19. y__y__n（语言） 20. g__ut__ng（沟通）

21. g__ngji__（更加） 22. m__ng（名）

23. zh__（祝） 24. ch__ngg__ng（成功）

25. zh__y__o（只要） 26. xi__osh__h__u（小时候）

27. y__w__i（以为）

 二 把听到的词语写在相应的图片下面，并大声朗读

1. _____

2. _____

3. _____

4. _____

听说短语

 一 听录音，把下面的短语补充完整，并大声朗读

1. _____歌手 2. _____听过

3. 学_____唱歌 4. _____你成功

5. 找_____机会 6. 坚持_____

第 14 课 实现理想

7. ＿＿＿＿坚持就能成功　　　8. 上网＿＿＿＿

9. ＿＿＿＿老师

二　跟着录音大声朗读下面的短语
14-5

1. 坚持下来　　当老师　　相关的信息　　专门学过　　祝你成功

2. 好消息　　祝贺你　　失败四五次　　只要……就……　　更加努力

三　听录音，把下面的句子补充完整，并大声朗读
14-6

1. 我＿＿＿＿＿＿＿＿＿＿＿＿＿＿＿唱歌。

2. 你可以上网查查＿＿＿＿＿＿＿＿＿＿＿＿＿。

3. 我没当过＿＿＿＿＿＿＿＿＿＿＿＿。

4. 告诉你一个＿＿＿＿＿＿＿＿＿＿＿＿。

5. ＿＿＿＿＿＿坚持努力，＿＿＿＿＿＿可以成功。

6. 真不容易啊，你终于成功了，＿＿＿＿＿＿＿＿＿！

7. 我＿＿＿＿＿四五次，但是最后我＿＿＿＿＿＿＿了。

听说句子

一　听句子，选择正确的回答，把答案填在括号里
14-7

1. (　) A. 我当过歌手　　　　　B. 我想成为一名老师
2. (　) A. 因为太麻烦了　　　　B. 坚持做一件事情很容易
3. (　) A. 找到这个工作不容易　B. 我很喜欢这个工作
4. (　) A. 我很想找一份轻松的工作　B. 我以为很轻松，但不太顺利

听句子，连线

1. 学习唱歌太麻烦了
2. 我没在学校里当过老师
3. 我失败了很多次
4. 只要坚持努力
5. 为了和小孩子沟通

就有可能成功
我必须好好儿学习中文
但是最后我找到了工作
我没坚持下来
但是我当过辅导老师

  跟着录音大声朗读下面的句子

1. 太好了，祝贺你！
2. 你可以上网查查相关的信息。
3. 只要坚持努力，就可以成功。
4. 为了能和小孩子沟通，你应该多花时间学习中文。
5. 小时候，我想当一个歌手，现在我想成为一名老师。
6. 学习唱歌太麻烦了，我坚持不下来。
7. 最大的问题是，有时候他们听不懂我的话。

  回答录音中的问题

听说一段话

听录音，做练习

[第一段录音] 玛丽的理想

1. 听录音，选择正确答案

玛丽小时候的理想是什么？（　　）
A. 当歌手　　　　　　　B. 当画家
C. 学唱歌　　　　　　　D. 当一名老师

2. **再听一遍录音，根据提示问题与词语复述这段对话**
   （1）玛丽为什么没成为歌手？
   （2）玛丽现在的理想是什么？
   （提示词语：当；专门；坚持下来；成为）

[第二段录音] 玛丽当老师

1. **听录音，选择正确答案**
   玛丽以前做过什么？（　　）
   A. 学校老师　　　　　　B. 歌手
   C. 服务员　　　　　　　D. 辅导老师

2. **再听一遍录音，根据提示问题与词语复述这段对话**
   大卫建议玛丽做什么？怎么做？
   （提示词语：教；找到；查；机会）

[第三段录音] 玛丽实现理想

1. **听录音，选择正确答案**
   （1）玛丽告诉大卫什么消息？（　　）
   　　A. 她找到工作了　　　　B. 她出去玩儿
   　　C. 她找工作失败了　　　D. 她成为歌手了

   （2）玛丽为什么喜欢她的工作？（　　）
   　　A. 小孩子很可爱　　　　B. 可以每天玩儿
   　　C. 幼儿园的工作很容易　D. 做每件事情都能成功

2. **再听一遍录音，根据提示问题与词语复述这段对话**
   （1）玛丽在哪儿工作？
   （2）玛丽找工作顺利吗？
   （3）玛丽启发了大卫什么？
   （提示词语：找到；失败；启发；只要……就……）

[第四段录音] 玛丽的困难

1. 听录音，选择正确答案

玛丽的工作怎么样？（　　　）

A. 很轻松　　　　　　　B. 不太顺利

C. 没什么问题　　　　　D. 听不懂小孩子说话

2. 再听一遍录音，根据提示问题与词语复述这段对话

（1）玛丽以为这个工作怎么样？

（2）玛丽工作上有什么问题？为什么会有这个问题？

（3）为了解决问题，玛丽会怎么做？

（提示词语：其实；语言；听不懂；需要；为了；沟通；努力）

综合练习

一　根据提示词语，复述听到的短文

小时候	理想	因为……所以……	坚持下来
成为	上网查查	找到工作	失败
实现理想	为了	沟通	更加

二　请你和同学扮演不同的角色，完成下面的对话

（1）理想是什么

A：……，你的理想是什么？

B：小时候，我的理想是……，现在我的理想是……。

A：为什么呢？

B：因为……，所以……。

（2）为了实现理想，你做了什么

A：为了实现理想，你做过什么努力？

B：我V过……。

A：你觉得实现理想容易吗？

B：……，但是……。
A：你坚持下来了吗？/ 为什么没坚持下来？
B：……，所以……。

（3）怎么做才能实现理想
A：所有人都能实现理想吗？
B：不是所有人都能实现理想。因为……。
A：怎么做才能实现理想呢？
B：只要……，就……。

三 根据下面的参考词语和句式，两三人一组说一说自己的理想

1. 你的理想是什么？
2. 你为实现理想做了什么准备？
3. 你觉得有理想就一定能实现吗？为什么？

参考词语

| 帮助 | 努力 | 坚持 | 困难 | 必须 |
| 专门 | 机会 | 成功 | 失败 | |

参考句式

其实……　　　　V下来　　　　　　只要……就……
为了……　　　　……但是……

四 四至五人一组，讨论下面的问题，然后每组请一个同学总结本组的观点并向全班同学汇报

1. 你觉得理想重要吗？为什么？
2. 理想对一个人的影响是什么？

常用句子

1. 我的理想是当一个歌手。
2. 我专门学过唱歌，但后来觉得太麻烦了，就没坚持下来。

3. 你可以上网查查相关的信息。
4. 我以为工作很轻松，其实不太顺利。
5. 我失败了四五次。
6. 我需要一些时间。
7. 你的成功启发了我。
8. 只要坚持努力，就可以成功。
9. 为了实现理想，我现在必须更加努力地学习中文。
10. 祝贺你实现理想！

第 15 课 我喜欢的咖啡厅

听力录音

词语

15-1

1.	咖啡厅	kāfēitīng	名	café; coffee house
2.	扫	sǎo	动	to scan
3.	取	qǔ	动	to take; to fetch
4.	糖	táng	名	sugar
5.	试	shì	动	to have a try
6.	复习	fùxí	动	to review
7.	图书馆	túshūguǎn	名	library
8.	教室	jiàoshì	名	classroom
9.	立*	lì	动	to erect
10.	牌子*	páizi	名	brand
11.	无	wú	动	to not have
12.	块*	kuài	量	piece
13.	灯	dēng	名	lamp; lantern
14.	舒服	shūfu	形	to feel well; comfortable
15.	适合	shìhé	动	to fit; to suit
16.	放松	fàngsōng	动	to relax
17.	习惯	xíguàn	动	to be accustomed to; to be used to
18.	沙发	shāfā	名	sofa

141

19.	种类*	zhǒnglèi	名	kind
20.	嗨	hāi	叹	hey
21.	经常*	jīngcháng	副	often
22.	味道	wèidao	名	flavor; taste
23.	如果	rúguǒ	连	if
24.	盘子	pánzi	名	plate
25.	或者*	huòzhě	连	or
26.	越来越……*	yuè lái yuè……		more and more
27.	过来*	guà lái		to come over
28.	花儿	huār	名	flower

听说词语

15-2

一 听录音，把下面词语的拼音写完整，标好声调，并大声朗读

1. s__o（扫）
2. q__（取）
3. t__ng（糖）
4. k__f__it__ng（咖啡厅）
5. sh__（试）
6. f__x__（复习）
7. t__sh__gu__n（图书馆）
8. ji__osh__（教室）
9. l__（立）
10. p__iz__（牌子）
11. w__（无）
12. ku__i（块）
13. d__ng（灯）
14. sh__f__（舒服）
15. sh__h__（适合）
16. f__ngs__ng（放松）
17. x__gu__n（习惯）
18. sh__f__（沙发）
19. zh__ngl__i（种类）
20. h__i（嗨）

第15课 我喜欢的咖啡厅

21. j__ngch__ng（经常）
22. w__id__o（味道）
23. r__gu__（如果）
24. p__nz__（盘子）
25. hu__zh__（或者）
26. yu__ l__i yu__（越来越）
27. gu__ l__i（过来）
28. hu__ r（花儿）

 二 把听到的词语写在相应的图片下面，并大声朗读

15-3

1. _____

2. _____

3. _____

4. _____

听说短语

  一 听录音，把下面的短语补充完整，并大声朗读

15-4

1. 教室_____图书馆
2. 听_____音乐学习
3. _____着一块牌子
4. 又安静_____舒服
5. _____糖放在盘子_____
6. 走_____走
7. _____咖啡
8. 种类_____
9. _____一下儿图片
10. 味道_____

143

二 跟着录音大声朗读下面的短语

1. 学校周围　　　　　适合学习　　　　　让人放松
   越来越方便　　　　看起来　　　　　　安静舒服的环境

2. 走来走去　　　　　点咖啡　　　　　　便宜百分之五
   用手机扫一下儿　　把咖啡拿过来　　　加糖

三 听录音，把下面的句子补充完整，并大声朗读

1. 我喝咖啡，习惯_____。
2. _____有一家咖啡厅。
3. 咖啡厅里的音乐_____。
4. _____很漂亮。
5. 你扫一下儿_____。
6. 现在的生活_____。
7. 你可以帮我_____吗？
8. 这家咖啡厅环境很好，非常_____。
9. 这家咖啡厅没有服务员_____。
10. 用手机买单，可以_____。

听说句子

一 听句子，选择正确的回答，把答案填在括号里

1. (　) A. 学校周围有咖啡厅　　　B. 咖啡厅适合复习
       C. 教室或者图书馆
2. (　) A. 音乐不让人放松　　　　B. 这儿的环境很不错
       C. 我越来越喜欢这儿了

3.（　）A. 用手机买单　　　　　　　　　B. 用手机扫码买单
　　　　C. 用手机扫一下儿桌子上的图片
4.（　）A. 用手机买单　　　　　　　　　B. 用手机扫一下儿可以点咖啡
　　　　C. 看上面的牌子就知道可以取了
5.（　）A. 我不喜欢现在的生活　　　　　B. 我越来越喜欢现在的生活了
　　　　C. 越来越方便了，出门带手机就可以了

二　把听到的句子的序号填到相应的图片下面，并大声朗读

（1）_____

（2）_____

（3）_____

（4）_____

三　跟着录音大声朗读下面的句子

1. 我经常在咖啡厅复习。
2. 那儿的音乐非常好听，能让人放松。
3. 那儿的咖啡不但种类多，而且味道好。
4. 这家咖啡厅里有沙发、桌子、灯和花儿。
5. 用手机扫一下儿桌子上贴着的图片，就可以点咖啡了。
6. 如果用手机买单，还可以便宜百分之五。
7. 我喝咖啡的时候，习惯加糖。
8. 请你帮我把糖拿过来。

四 回答录音中的问题

听说一段话

■ 听录音，做练习

[第一段录音] 一起去咖啡厅

1. 听录音，选择正确答案

大卫经常去哪儿复习？（　　）

A. 教室　　　　　　　　B. 图书馆

C. 宿舍　　　　　　　　D. 咖啡厅

2. 再听一遍录音，根据提示问题与词语复述这段对话

（1）大卫经常去的咖啡厅在哪儿？

（2）咖啡厅的门口有什么？

（提示词语：经常；周围；立着；无人）

[第二段录音] 咖啡厅的环境

1. 听录音，选择正确答案

（1）大卫觉得在这家咖啡厅里适合做什么？（　　）

A. 学习　　　　　　　　B. 看风景

C. 听音乐　　　　　　　D. 和朋友见面

（2）咖啡厅里的音乐怎么样？（　　）

A. 不好听　　　　　　　B. 不能让人放松

C. 有点儿吵　　　　　　D. 好听又让人放松

（3）咖啡厅里没有什么？（　　）

A. 灯　　　　　　　　　B. 树

C. 沙发　　　　　　　　D. 桌子

第15课　我喜欢的咖啡厅

2. 再听一遍录音，根据提示问题与词语复述这段对话
（1）这家咖啡厅的环境怎么样？
（2）玛丽喜欢这家咖啡厅吗？为什么？
（提示词语：又……又……；适合；V+着；越来越……）

[第三段录音] 点咖啡

15-13

1. 听录音，选择正确答案
（1）这家咖啡厅的服务员在哪里？（　　）
　　A. 没有服务员　　　　　　B. 看不到服务员
　　C. 在咖啡厅门口　　　　　D. 服务员走来走去

（2）用手机买单可以便宜多少？（　　）
　　A. 百分之五　　　　　　　B. 百分之十五
　　C. 五分之一　　　　　　　D. 二分之一

2. 再听一遍录音，根据提示问题与词语复述这段对话
（1）这家咖啡厅怎么点咖啡？
（2）这里的咖啡怎么样？
（提示词语：为了；走来走去；贴；扫一下儿；只要……就……；不但……而且……）

[第四段录音] 取咖啡

15-14

1. 听录音，选择正确答案
（1）如果咖啡好了，客人在牌子上可以看见什么？（　　）
　　A. 手机号码　　　　　　　B. 桌子上的号码
　　C. 咖啡的号码　　　　　　D. 什么也看不见

（2）大卫帮玛丽做什么？（　　）
　　A. 看牌子　　　　　　　　B. 加糖
　　C. 把咖啡拿过来　　　　　D. 拿手机

2. 再听一遍录音，根据提示问题与词语复述这段对话
（1）在这家咖啡厅，怎么取咖啡？
（2）玛丽觉得现在的生活怎么样？

（3）玛丽想怎么加糖？

（提示词语：如果……就……；牌子；越来越……；把……V＋在……）

综合练习

一 根据提示词语，复述听到的短文

15-15

学校周围	复习	又……又……	而且
放松	越来越……	感到奇怪的是……	扫一下儿
不但……而且……	……就可以了	现在的生活	

二 请你和你的同学扮演不同的角色，完成下面的对话

（1）手机"扫一扫"的功能（gōngnéng，function）

A：现在的生活越来越……，出门带个手机就可以了。
B：我听说手机有个"扫一扫"的功能，特别方便。
A：是啊，用手机"扫一扫"可以……。
B：还能……吗？你可以教我怎么用手机扫一扫吗？
A：好的。先……，然后……，就可以了。
B：真是太方便了。

（2）请朋友帮你送东西

A：……，我把……忘在……了。你可以帮我把……带过来吗？
B：好的。
A：谢谢，这个是……的，我不需要了。你可以帮我把……还给……吗？
B：好的。还有吗？
A：没有了，谢谢你。

三 根据下面的参考词语与句式，介绍一家咖啡厅或者饭馆儿

参考词语

| 周围 | 经常 | 安静 | 舒服 |
| 放松 | 适合 | 音乐 | 服务员 |

第15课 我喜欢的咖啡厅

参考句式

不但……而且……　　　又……又……　　　越来越……
V + 一下儿　　　　　　V + 着　　　　　　……就可以了
如果……就……　　　　只要……就……

四 小调查：询问三个以上的同学，问他/她觉得生活越来越方便的地方，并将调查结果向全班同学汇报

常用句子

1. 我经常在一家咖啡厅里复习。
2. 咖啡厅门口立着一个大牌子。
3. 这个咖啡厅的环境真不错。
4. 这儿的音乐让人很放松。
5. 用手机扫一扫桌子上贴着的图片。
6. 这儿的咖啡不但种类多，而且味道好。
7. 用手机买单可以便宜百分之五。
8. 我去取咖啡。
9. 把糖放在盘子里一起拿过来好吗？
10. 现在的生活真是越来越方便了。

第 16 课

母校聚会

听力录音

词语

16-1

1.	母校*	mǔxiào	名	one's mother school; Alma Mater
2.	聚会	jùhuì	动	to get together
3.	变化*	biànhuà	名	change
4.	感觉	gǎnjué	动	to feel
5.	毕业	bì yè		to graduate
6.	离开*	lí kāi		to leave
7.	原来*	yuánlái	形	original; former
8.	快乐	kuàilè	形	happy; joyful
9.	陌生*	mòshēng	形	strange
10.	熟悉	shúxi	形	familiar
11.	回忆*	huíyì	动	to recall
12.	日子*	rìzi	名	day
13.	有空儿	yǒu kòngr		to be free of time
14.	完全*	wánquán	副	completely; fully
15.	讨论*	tǎolùn	动	to discuss
16.	共同*	gòngtóng	形	common
17.	话题*	huàtí	名	topic
18.	健身房	jiànshēnfáng	名	gym

第16课　母校聚会

19.	逛	guàng	动	to stroll; to roam
20.	校园	xiàoyuán	名	campus
21.	锻炼	duànliàn	动	to do exercise; to work out
22.	生日	shēngrì	名	birthday
23.	层*	céng	量	measure word (for storey, floor)
24.	负责*	fùzé	动	to be in charge of
25.	安排	ānpái	动	to arrange
26.	计划	jìhuà	名	plan
27.	聊天儿	liáo tiānr		to chat
28.	除了*	chúle	介	except; besides

听说词语

一　听录音，把下面词语的拼音写完整，标好声调，并大声朗读

1. m__xi__o（母校）
2. j__hu__（聚会）
3. bi__nhu__（变化）
4. g__nju__（感觉）
5. b__y__（毕业）
6. l__k__i（离开）
7. yu__nl__i（原来）
8. ku__il__（快乐）
9. m__sh__ng（陌生）
10. sh__x__（熟悉）
11. hu__y__（回忆）
12. r__z__（日子）
13. y__u k__ngr（有空儿）
14. w__nqu__n（完全）
15. t__ol__n（讨论）
16. g__ngt__ng（共同）
17. hu__t__（话题）
18. ji__nsh__nf__ng（健身房）
19. gu__ng（逛）
20. xi__oyu__n（校园）

151

21. du__nli__n（锻炼）　　22. sh__ngr__（生日）

23. c__ng（层）　　24. f__z__（负责）

25. __np__i（安排）　　26. j__hu__（计划）

27. li__o ti__nr（聊天儿）　　28. ch__l__（除了）

二 把听到的词语写在相应的图片下面，并大声朗读

16-3

1. _____

2. _____

3. _____

4. _____

听说短语

16-4

一 听录音，把下面的短语补充完整，并大声朗读

1. _____网上讨论　　2. _____有空儿_____去图书馆

3. _____以前胖_____了　　4. 找_____话题

5. 毕业_____　　6. _____身体

7. _____聚会　　8. _____大学的生活

9. _____聚会的时间　　10. _____的感觉

第16课　母校聚会

 二 跟着录音大声朗读下面的短语

1. 参加聚会　　好久不见　　在校园里逛逛　　坐在沙发上看书
2. 完全不一样　环境不太好　感觉有些陌生　　有点儿担心

三 听录音，把下面的句子补充完整，并大声朗读

1. 明年是母校100岁生日，我很想_____。

2. _____，你好吗？

3. 我们一边聊天儿，一边_____。

4. 我最喜欢_____图书馆里的_____。

5. 我现在的生活和以前的_____。

6. 这所学校的_____。

7. 刚见面的时候，我_____。

8. _____，大家会越来越熟悉。

听说句子

 一 听句子，选择正确的回答，把答案填在括号里

1. （　）A. 对啊，好久不见　　B. 这次聚会很好　　　C. 我有时间参加
2. （　）A. 我来过一次北京　　B. 校园没有变化　　　C. 是，我觉得有些陌生了
3. （　）A. 喜欢大学生活　　　B. 去图书馆看书　　　C. 大学的生活真快乐
4. （　）A. 工作太忙了　　　　B. 和以前完全不一样　C. 现在很少跑步了
5. （　）A. 共同时间太少了　　B. 在网上讨论一下儿　C. 共同讨论一下儿吧

153

二 听句子，连线

1. 一回到母校
2. 我一有空儿
3. 除了周末以外
4. 明年是母校的100岁生日
5. 毕业以后

我很少锻炼身体
我们再一起回来吧
就会去图书馆看书
我经常回忆上大学时的生活
就会有种熟悉的感觉

 三 跟着录音大声朗读下面的句子

1. 我很好。你呢？
2. 星期六比较好，来的人会多一些。
3. 别担心，大家会找到共同的话题的。
4. 毕业以后，我就去上海了。
5. 对，你看，图书馆还是原来的样子。
6. 我最喜欢在图书馆四层看书。
7. 除了周末以外，我别的时间很少锻炼。
8. 北京的变化太大，我也觉得有些陌生了。

 四 回答录音中的问题

听说一段话

 听录音，做练习

[第一段录音] 回到母校

1. 听录音，选择正确答案

（1）李军和杨丽来这儿做什么？（　　）
　　A. 聊天儿　　　　　　　　B. 见面
　　C. 回忆大学生活　　　　　D. 参加母校聚会

（2）李军觉得什么很陌生？（　　）
　　A. 杨丽　　　　　　　　B. 现在的北京
　　C. 母校　　　　　　　　D. 大学的生活

2. 再听一遍录音，根据提示问题与词语复述这段对话
（1）李军和杨丽觉得北京怎么样？母校呢？
（2）他们觉得上大学时的日子怎么样？
（提示词语：毕业；感觉；好像；一……就……；经常；真）

[第二段录音] 去图书馆

16-12

1. 听录音，选择正确答案
（1）李军最喜欢在图书馆的几层看书？（　　）
　　A. 一层　　　　　　　　B. 二层
　　C. 三层　　　　　　　　D. 四层

（2）杨丽经常一边做什么，一边看书？（　　）
　　A. 晒太阳　　　　　　　B. 听音乐
　　C. 喝咖啡　　　　　　　D. 和别人聊天儿

2. 再听一遍录音，根据提示问题与词语复述这段对话
（1）李军上学的时候，一有空儿就会去哪儿？
（2）李军为什么喜欢在那儿看书？
（提示词语：记得；一……就……；有；阳光；真是太……了）

[第三段录音] 现在的生活

16-13

1. 听录音，选择正确答案
（1）现在李军什么时候跑步？（　　）
　　A. 周末　　　　　　　　B. 一有空儿就跑
　　C. 每天晚上　　　　　　D. 没时间跑步了

（2）周末杨丽会做什么？（　　）
　　A. 锻炼身体　　　　　　B. 工作
　　C. 去图书馆　　　　　　D. 喝咖啡

（3）李军家附近的健身房怎么样？（　　　）
　　　A. 环境好，价格贵　　　　　　B. 环境不太好，价格不贵
　　　C. 环境好，价格便宜　　　　　D. 环境不太好，价格很贵

2. 再听一遍录音，根据提示问题与词语复述这段对话
　　李军现在的生活和以前有什么不一样？杨丽呢？
　　（提示词语：完全；除了……以外；如果；健身房；但是；所以）

［第四段录音］相约下次的聚会

16-14

1. 听录音，选择正确答案
（1）李军和杨丽想下次什么时候再回母校？（　　　）
　　　A. 母校100岁生日时　　　　　B. 同学们有时间的时候
　　　C. 再安排聚会的时候　　　　　D. 老师们有时间的时候
（2）他们为什么想把聚会的时间安排在星期六？（　　　）
　　　A. 这一天是个好日子　　　　　B. 这一天能来的人比较多
　　　C. 正好是母校100岁生日　　　D. 这一天大家一定都能来

2. 再听一遍录音，根据提示问题与词语复述这段对话
（1）李军和杨丽在计划什么？
（2）李军担心什么？
　　（提示词语：100岁生日；安排；计划；担心；陌生；共同）

综合练习

一　根据提示词语，复述听到的短文

16-15

毕业	参加	聚会	陌生	一……就……
见到	回忆	记得	图书馆	一边……一边……
除了	锻炼	母校	安排	感到
共同话题				

第 16 课　母校聚会

二　请你和同学扮演不同的角色，完成下面的对话

（1）讨论聚会的时间

A：明年是母校100岁的生日，我想……，让更多的同学回来。
B：这个主意……！可是……，共同的时间很少啊。
A：嗯，我觉得……比较好，因为那天大家……。
B：说得对！我现在就……。

（2）讨论聚会做什么

A：聚会的时候，我们做什么呢？
B：我们可以……，……。
A：嗯，可是有的同学可能不喜欢做这些事情。
B：那我们可以在网上先和同学们……。
A：这样比较好，先……，见面的时候就不会觉得……。

三　根据下面的参考词语和句式，与同学一起讨论如何组织一次母校聚会

1. 聚会的时间、地点。
2. 你怎么联系以前的同学，请他们参加聚会？
3. 你们准备安排哪些活动？
4. 聚会大概会花多少钱？这些钱从哪里来？
5. 如果大家没有共同话题，怎么办？
6. 聚会时可能出现什么问题？怎么解决？

参考词语

| 陌生 | 熟悉 | 聊天儿 | 安排 | 负责 |
| 回忆 | 担心 | 共同 | 计划 | 讨论 |

参考句式

| 除了……以外 | 一……就…… | 一边……一边…… |
| 别 + V | 真是太……了 | |

四 小演讲：一次难忘的聚会。可以包括以下内容

1. 聚会的时间、地点；
2. 聚会的原因；
3. 聚会的活动内容；
4. 这次聚会难忘的原因；
5. 这次聚会你的感想。

常用句子

1. 你也来参加聚会了？
2. 我一回到母校，就会有一种熟悉的感觉。
3. 我经常回忆上大学时的生活。
4. 那时候的日子真快乐！
5. 图书馆还是原来的样子。
6. 我记得那时我经常一边喝咖啡，一边看书。
7. 你现在还像上大学的时候那样每天晚上跑步吗？
8. 你负责安排一个大的聚会吧！
9. 我们可以早点儿在网上讨论聚会的计划。
10. 我有点儿担心大家见面后会觉得有些陌生。
11. 别担心，大家会找到共同话题的。

第17课 我的假期

听力录音

词语

17-1

1.	假期	jiàqī	名	vacation
2.	待	dāi	动	to stay
3.	省*	shěng	名	province
4.	连着*	liánzhe	副	continuously
5.	难得*	nándé	形	hard to come by
6.	痛快*	tòngkuai	形	to one's heart content; to one's great satisfaction
7.	旅行	lǚxíng	动	to travel
8.	恐怕	kǒngpà	副	perhaps
9.	肯定	kěndìng	副	certainly
10.	羡慕*	xiànmù	动	to envy; to admire
11.	制订*	zhìdìng	动	to lay down; to work out
12.	靠近	kàojìn	动	to be close to
13.	家乡	jiāxiāng	名	hometown
14.	日出	rìchū	名	sunrise
15.	完美	wánměi	形	perfect; wonderful
16.	黄金周*	huángjīnzhōu	名	the Golden week
17.	开玩笑*	kāi wánxiào		to make fun of

159

18.	南方	nánfāng	名	south
19.	了解*	liǎojiě	动	to understand; to comprehend
20.	换	huàn	动	to change
21.	海边*	hǎibiān	名	seaside; beach
22.	多么	duōme	副	how
23.	好玩儿	hǎowánr	形	interesting

专有名词

1.	十一	Shí-Yī	the National Day of China
2.	山东	Shāndōng	Shandong
3.	上海	Shànghǎi	Shanghai
4.	海南	Hǎinán	Hainan
5.	西安	Xī'ān	Xi'an
6.	孔子	Kǒngzǐ	Confucius
7.	青岛	Qīngdǎo	Tsingtao
8.	广州	Guǎngzhōu	Guangzhou
9.	泰山	Tài Shān	Mount Tai

听说词语

17-2

一　听录音，把下面词语的拼音写完整，标好声调，并大声朗读

1. d__i（待）　　　　　2. sh__ng（省）

3. li__nzh__（连着）　　4. n__nd__（难得）

5. t__ngku__i（痛快）　　6. l__x__ng（旅行）

7. k__ngp__（恐怕）　　　8. k__nd__ng（肯定）

9. xi__nm__（羡慕）
10. zh__d__ng（制订）
11. k__oj__n（靠近）
12. ji__xi__ng（家乡）
13. r__ch__（日出）
14. w__nm__i（完美）
15. hu__ngj__nzh__u（黄金周）
16. k__iw__nxi__o（开玩笑）
17. Sh__-Y__（十一）
18. ji__q__（假期）
19. n__nf__ng（南方）
20. li__oji__（了解）
21. hu__n（换）
22. h__ibi__n（海边）
23. du__m__（多么）
24. h__ow__nr（好玩儿）

二、把听到的词语填到表中相应的位置，并大声朗读

17-3

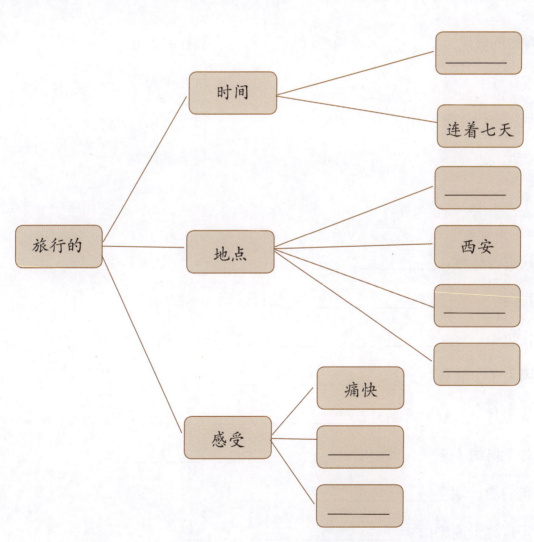

听说短语

 一 听录音，把下面的短语补充完整，并大声朗读

1. _____三天假
2. _____待七天
3. _____中国
4. 玩儿个_____
5. _____准备
6. 山东_____北京不远
7. 山东_____海边
8. 时间不_____
9. 去_____北京
10. 可_____放松一下儿

 二 跟着录音大声朗读下面的短语

1. 难得的假期　　痛快地玩儿　　放松一下儿
   连着放七天假　　走遍中国　　玩儿个遍
2. 制订旅行计划　　一方面　　另一方面
   靠近海边　　看日出　　完美的计划

 三 听录音，把下面的句子补充完整，并大声朗读

1. 我想去旅行，_____。
2. 我会_____旅行计划。
3. 我想去_____的地方旅行。
4. 周末了，我要_____。
5. 从十月一号到十月七号，_____。
6. 对上班的人来说，黄金周是_____。
7. 我们的计划_____！
8. 我打算走遍中国，_____。

9. 我们应该去山东旅行，_____，那儿不太远，_____，

那儿有很多好玩儿的地方。

听说句子

 一　听句子，选择正确的回答，把答案填在括号里

17-7

1. （　）A. 我最近太累了　　　　　　B. 我想痛快地玩儿一下儿
      C. 假期连着放七天
2. （　）A. 制订一个旅行计划　　　　B. 假期时间不够
      C. 把中国所有的地方玩儿个遍
3. （　）A. 假期很长　　　　　　　　B. 连着放七天
      C. 从一号到七号
4. （　）A. 我要去南方　　　　　　　B. 我还没找到一起旅行的人
      C. 去西安怎么样
5. （　）A. 我真羡慕你　　　　　　　B. 这个主意不错
      C. 多么完美的计划

 二　把听到的句子的序号填到相应的图片下面，并大声朗读

17-8

（1）_____

（2）_____

（3）_____

（4）_____

三 跟着录音大声朗读下面的句子

1. 我想去中国的南方看看。
2. 我们可以十月一号出发，七号回来。
3. 我们应该先制订一个旅行计划。
4. 从十月一号到十月七号，连着放七天假。
5. 去那儿可以了解中国的历史。
6. 好主意！一个人旅行，太没意思了。
7. 一方面，那儿离北京不太远；另一方面，那儿靠近海边。
8. 在青岛待三天，最后一天早点儿回来。
9. 恐怕时间不够你一个省一个省地看，一个地方一个地方地走。

四 回答录音中的问题

听说一段话

听录音，做练习

[第一段录音] 黄金周

1. 听录音，选择正确答案

（1）十一黄金周学校放几天假？（　　　）
　　A. 五天　　　　　　　　　　B. 十天
　　C. 七天　　　　　　　　　　D. 一天

（2）安娜为什么要出去玩儿？（　　　）
　　A. 她和朋友已经约好了　　　B. 她要好好儿放松一下儿
　　C. 她要请假出去玩儿　　　　D. 大卫请她一起出去玩儿

2. 再听一遍录音，根据提示问题与词语复述这段对话

（1）黄金周放几天假？
（2）大卫和安娜打算做什么？

（提示词语：从……到……；连着；难得；痛快；放松；准备）

[第二段录音] 大卫的旅行计划

1. 听录音,选择正确答案

(1) 安娜认为七天的假期能去几个地方?(　　)
   A. 一两个　　　　　　　　B. 两三个
   C. 七个　　　　　　　　　D. 所有的地方

(2) 安娜没计划去哪儿玩儿?(　　)
   A. 上海　　　　　　　　　B. 广州
   C. 海南　　　　　　　　　D. 西安

2. 再听一遍录音,根据提示问题与词语复述这段对话

大卫和安娜是怎么打算的?

(提示词语:计划;走遍;一……一……地+V;南方)

[第三段录音] 两个人的旅行计划

1. 听录音,选择正确答案

(1) 安娜为什么不想一个人旅行?(　　)
   A. 一个人旅行没意思　　　B. 一个人旅行不方便
   C. 一个人旅行太贵了　　　D. 一个人旅行不安全

(2) 安娜和大卫想去哪儿玩儿?(　　)
   A. 西安　　　　　　　　　B. 四川
   C. 山东　　　　　　　　　D. 上海

(3) 山东省在哪儿?(　　)
   A. 离海边很远　　　　　　B. 在南方
   C. 离北京非常近　　　　　D. 离北京不太远

2. 再听一遍录音,根据提示问题与词语复述这段对话

(1) 安娜和大卫为什么想一起去旅行?
(2) 他们不会去哪儿?他们要去哪儿?为什么?

(提示词语:羡慕;制订;了解;一方面……另一方面……;靠近;好玩儿)

[第四段录音]旅行的时间

1. 听录音，选择正确答案

（1）安娜和大卫打算哪天出发？（　　）
　　A. 九月十三号　　　　B. 十月七号
　　C. 九月三十号　　　　D. 十月六号

（2）安娜和大卫计划在青岛待几天？（　　）
　　A. 一天　　　　　　　B. 两天
　　C. 三天　　　　　　　D. 四天

2. 再听一遍录音，根据提示问题与词语复述这段对话

安娜和大卫的旅行计划是什么？
（提示词语：出发；回来；连着；孔子的家乡；泰山；青岛；然后；待；完美）

综合练习

一　根据提示词语，复述听到的短文

黄金周	打算	痛快	从……到……
连着	因为……所以……		一方面……另一方面……
靠近	计划	孔子的家乡	泰山
青岛	完美		

二　请你和你的同学扮演不同的角色，完成下面的对话

（1）假期
A：十一黄金周马上就要到了！
B：是啊，从……到……，连着……。
A：这么长的假期太难得了，我可得……。
B：是啊！我也要好好儿……一下儿。

(2) 制订旅行计划

A：十一黄金周连着放七天，你想去哪儿玩儿？
B：……。
A：你为什么想去那儿？
B：一方面……，另一方面……。
A：你打算什么时候出发，什么时候回来？
B：……。
A：你找到和你一起旅行的人了吗？
B：……。
A：那我们一起制订旅行计划吧！
B：……。
A：哪天出发？待几天？哪天回来？
B：……，在……待……，……回来。
A：多么完美的计划啊！

三 根据下列问题介绍一个你最想去的地方

1. 那个地方叫什么？在哪儿？
2. 那儿的天气怎么样？
3. 你想什么时间去那个地方玩儿？为什么？
4. 你为什么会去那个地方？
5. 那个地方有什么好玩儿的、好吃的？

四 根据下面的参考词语和句式，说一说如果你要去一个地方旅行，你应该做什么旅行准备

参考词语

| 打算 | 难得 | 放松 | 制订计划 | 出发 | 靠近 | 爬山 |
| 相机 | 雨伞 | 旅行包 | 食物 | 安全 | | |

参考句式

| 从……到…… | 连着+V | V+一下儿 |
| 把……玩儿个遍 | 一……一……地+V | 一方面……另一方面…… |

五 小演讲：我的一次旅行。演讲可以包括以下方面

1. 你什么时候去旅行的？
2. 你去了什么地方？
3. 你是和谁一起去的？
4. 那个地方的特点是什么？
5. 那儿有什么好吃的、好玩儿的？
6. 你在旅行中有没有什么难忘的事儿？

常用句子

1. 黄金周马上就要到了。
2. 这么难得的假期，我可得痛快地玩儿一下儿。
3. 从十月一号到十月七号，连着放七天假。
4. 我打算把所有的省玩儿个遍。
5. 时间恐怕不够你一个省一个省地看。
6. 我们一起制订计划吧！
7. 去西安可以了解很多中国文化。
8. 去山东不错，一方面，离北京不太远；另一方面，那里很好玩儿。
9. 我们可以在泰山待三天。
10. 多么完美的计划啊！

第 18 课　去打工

听力录音

词语

18-1

1.	打工*	dǎ gōng		to do extra work
2.	非……不可*	fēi……bùkě		must
3.	招聘	zhāopìn	动	to recruit
4.	点心*	diǎnxin	名	light refreshments; dessert
5.	信心	xìnxīn	名	confidence
6.	经验*	jīngyàn	名	experience
7.	优点	yōudiǎn	名	advantage
8.	曾经*	céngjīng	副	once; ever
9.	面试	miànshì	动	to interview
10.	同时	tóngshí	名	at the same time
11.	帅	shuài	形	handsome
12.	真正*	zhēnzhèng	形	real; genuine
13.	抽空儿*	chōu kòngr		to manage to find time
14.	愿意*	yuànyì	动	to be willing
15.	影响	yǐngxiǎng	动	to influence
16.	表现	biǎoxiàn	动	to perform
17.	简历	jiǎnlì	名	resume

18.	口	kǒu	量	measure word for person etc.
19.	从来*	cónglái	副	always; at all times
20.	被*	bèi	介	used in a passive sentence indicidating that the subject is the receiver of the action

听说词语

一 听录音，把下面词语的拼音写完整，标好声调，并大声朗读

18-2

1. f__i……b__k__（非……不可）　　2. zh__op__n（招聘）

3. d__ g__ng（打工）　　4. di__nx__n（点心）

5. x__nx__n（信心）　　6. j__ngy__n（经验）

7. y__udi__n（优点）　　8. c__ngj__ng（曾经）

9. mi__nsh__（面试）　　10. t__ngsh__（同时）

11. shu__i（帅）　　12. zh__nzh__ng（真正）

13. ch__u k__ngr（抽空儿）　　14. yu__ny__（愿意）

15. y__ngxi__ng（影响）　　16. bi__oxi__n（表现）

17. ji__nl__（简历）　　18. k__u（口）

19. c__ngl__i（从来）　　20. b__i（被）

二 把听到的词语写在相应的图片下面，并大声朗读

18-3

1. _____

2. _____

第18课　去打工

3. ＿＿＿＿

4. ＿＿＿＿

 三　把听到的词语填到表中相应的位置，并大声朗读
18-4

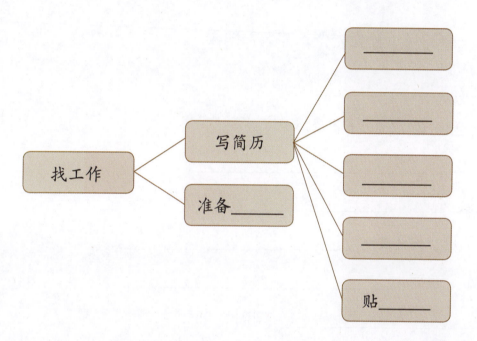

听说短语

 一　听录音，把下面的短语补充完整，并大声朗读
18-5

1. ＿＿＿＿点心

2. ＿＿＿＿照片

3. ＿＿＿＿学习几年＿＿＿＿

4. ＿＿＿＿着一块牌子

5. 表现＿＿＿＿最好的自己

6. 学得快＿＿＿＿

7. 一＿＿＿＿饭

8. 一＿＿＿＿问题

9. 一_____照片 10. 一_____牌子

11. 一_____简历

二 跟着录音大声朗读下面的短语

1. 做点心　　　　　有信心　　　　非努力不可
   工作经验　　　　贴照片

2. 写上你的优点　　准备面试　　　适合这个工作
   表现出真正的自己　对我来说　　　抽空儿写作业

三 听录音，把下面的句子补充完整，并大声朗读

1. 我想_____。

2. 学会_____不容易。

3. 如果想成功，_____。

4. 简历上应该_____。

5. 除了准备简历，你还要_____。

6. 打工的时候，也要_____。

7. 面试要_____，不用怕。

8. 别紧张，你要_____真正的自己。

9. 让老板知道你_____。

10. 饭要_____，事要_____。

听说句子

一 听句子，选择正确的回答，把答案填在括号里

1. (　) A. 这个主意不错　　　　B. 那儿的咖啡不错

2. （ ）A. 点心很好吃　　　　　　B. 我不怕，我有信心
3. （ ）A. 这不影响我　　　　　　B. 虽然没经验，但我学东西很快
4. （ ）A. 我不喜欢做事情　　　　B. 这个工作适合我
5. （ ）A. 别着急，事情要一件一件地做　B. 你对中国文化很了解

 二　把听到的句子的序号填到相应的图片下面，并大声朗读

（1）_____

（2）_____

（3）_____

（4）_____

 三　跟着录音大声朗读下面的句子

1. 我正在找工作。
2. 你应该准备一份简历。
3. 学校里的咖啡厅在招服务员。
4. 只有试试，才知道结果怎么样。
5. 在那儿打工挺不错的，可以学习做咖啡和点心。
6. 想做好点心，非学习几年不可。
7. 简历上应该写上你的名字、毕业学校、专业和优点。
8. 面试的时候你别紧张，要表现出最好的自己。

四 回答录音中的问题

听说一段话

听录音，做练习

[第一段录音] 找工作

1. 听录音，选择正确答案

（1）大卫为什么想去学校的咖啡厅打工？（　　）
   A. 可以练习汉语　　　　　　　　B. 钱多
   C. 在那儿工作的时间长　　　　　D. 可以学习做咖啡和点心

（2）玛丽觉得做什么不容易？（　　）
   A. 咖啡　　　　　　　　　　　　B. 点心
   C. 点心和咖啡　　　　　　　　　D. 打工

2. 再听一遍录音，根据提示问题与词语复述这段对话

（1）大卫想做什么？
（2）玛丽觉得大卫可以去哪里打工？
（3）大卫觉得自己能成功吗？
（提示词语：打工；立着；不但……还……；虽然……但是……；等……的时候）

[第二段录音] 写简历

1. 听录音，选择正确答案

（1）大卫的优点是什么？（　　）
   A. 没有工作经验　　　　　　　　B. 找工作找得快
   C. 学东西学得快　　　　　　　　D. 写简历写得好

第18课　去打工

（2）简历上不用写什么？（　　）
　　　A. 姓名　　　　　　　　　　B. 年龄
　　　C. 毕业学校　　　　　　　　D. 专业

（3）大卫听老师说，简历上应该有什么？（　　）
　　　A. 优点　　　　　　　　　　B. 缺点
　　　C. 照片　　　　　　　　　　D. 家庭

2. 再听一遍录音，根据提示问题与词语复述这段对话

（1）大卫有工作经验吗？
（2）大卫应该怎么写简历？
（3）大卫现在要准备什么？

（提示词语：从来没+V；但是；adj.+得很；优点；曾经；快去……吧）

[第三段录音] 准备面试

1. 听录音，选择正确答案

（1）除了简历以外，大卫还要准备什么？（　　）
　　　A. 照片　　　　　　　　　　B. 问题
　　　C. 面试　　　　　　　　　　D. 衣服

（2）下面哪个不是玛丽认为的面试的时候经常问的问题？（　　）
　　　A. 你了解这个工作吗
　　　B. 你为什么要找这个工作
　　　C. 你觉得自己适合这个工作吗

2. 再听一遍录音，根据提示问题与词语复述这段对话

玛丽告诉大卫怎么准备面试？

（提示词语：被；问题；回答；表现出；真正）

[第四段录音] 打工和学习

1. 听录音，选择正确答案

（1）玛丽为什么不一边打工一边学习？（　　）
　　　A. 她没这样做过　　　　　　B. 工作太多了
　　　C. 打工影响学习　　　　　　D. 打工的时间太长了

（2）对玛丽来说，什么太难了？（　　）
　　A. 打工　　　　　　　　B. 一件一件地做事
　　C. 一口一口地吃饭　　　D. 同时做好两件事

2. 再听一遍录音，根据提示问题与词语复述这段对话

大卫觉得"一边打工一边学习"的做法怎么样？玛丽呢？
（提示词语：以前；对sb.来说；一……一……地+V；只要……就……；只有……才……）

综合练习

一 根据提示词语，复述听到的短文

打工	做点心	不但……还……	虽然……但是……
……以前	一份简历	优点	贴
面试	被	听起来	表现出
一边……一边……	只要……就……	抽空儿	只有……才……

二 请你和同学扮演不同的角色，完成下面的对话

（1）找工作

A：您好！我看到您这儿在招人，请问，需要什么样的人？
B：您好！我们需要……。
A：虽然……，但是……。
B：学做点心可不容易，非……不可。
A：没关系，我……成功。
B：我看一下儿你的简历。
A：……。

（2）面试

A：请坐，你的简历上说……。你从来没做过这样的工作，你能做好吗？
B：虽然……，但是……。

第 18 课　去打工

A：你为什么想来这儿打工呢？
B：……。
A：你觉得自己适合这个工作吗？
B：……。

（3）打工和学习

A：你每天都要来这儿工作两三个小时，这可能会影响你的学习吧？
B：没关系，对我来说，……，不太难。
A：好，我对你很满意。只要……，就可以……。
B：谢谢！

三 根据下面的提示，准备一份简历，然后向同学介绍简历上的内容

简　历

姓名		年龄	
毕业学校		专业	
特长		联系电话	
想找的工作			
工作经验			
优点			

四 你要去公司面试，根据下面的参考词语和句式，跟同学说一说你怎么准备面试。可以包括以下内容

1. 个人基本情况；　　　2. 工作经历；
3. 你的优点；　　　　　4. 理想和计划。

177

参考词语

| 优点 | 信心 | 适合 | 努力 | 以前 |
| 经验 | 成功 | 真正 | 表现（出） | |

参考句式

不但……还……　　只要……就……　　只有……才……
虽然……但是……　　一边……一边……　　从来没+V.
被动句

五 课堂活动：在班里选出四个面试官（miànshìguān, interviewer），其他同学当应聘者（yìngpìnzhě, applicant）。面试官先介绍一下儿自己的公司，然后应聘者向面试官做自我介绍，面试官再问应聘者一些问题。最后面试官从中选出一个适合这个工作的人，并告诉大家理由

常用句子

1. 我想去咖啡厅打工。
2. 要是想做好这个工作，非学习几年不可。
3. 虽然需要很长时间，但是我有信心成功。
4. 我从来没做过这样的工作。
5. 你学东西快得很。
6. 你应该在简历上写上姓名、毕业学校、专业和你的优点。
7. 面试的时候，会被问一些问题。
8. 面试时你最好表现出真正的自己。
9. 饭要一口一口地吃，事要一件一件地做。
10. 对我来说，同时做好两件事情太难了。
11. 只要我愿意花时间，我就可以做好。

词语总表

A

哎呀	āiyā	4
安静	ānjìng	12
安排	ānpái	16
按	àn	12

B

把	bǎ	11
摆	bǎi	10
搬	bān	2
搬家	bānjiā	12
办公室	bàngōngshì	6
帮助	bāngzhù	10
包子	bāozi	4
饱	bǎo	5
报	bào	7
报名	bào míng	6
报名表	bàomíngbiǎo	6
背	bēi	3
北边	běibian	12
被	bèi	18
本子	běnzi	9
鼻子	bízi	7
比	bǐ	2
比	bǐ	8
比如说	bǐrúshuō	4
比赛	bǐsài	8
笔	bǐ	9
毕业	bìyè	16
闭	bì	13
变化	biànhuà	16
遍	biàn	13
表现	biǎoxiàn	18
宾馆	bīnguǎn	5
不但	búdàn	6
不见不散	bú jiàn bú sàn	6
不管	bùguǎn	13

C

菜单	càidān	5
参加	cānjiā	6
灿烂	cànlàn	10
操场	cāochǎng	3
层	céng	16
曾经	céngjīng	18
茶	chá	6
查	chá	1
尝	cháng	11

179

场	chǎng	8
唱歌	chàng gē	14
超市	chāoshì	11
炒	chǎo	5
衬衫	chènshān	3
成功	chénggōng	14
成绩	chéngjì	13
成为	chéngwéi	14
乘客	chéngkè	9
迟到	chídào	8
抽空儿	chōu kòngr	18
出租	chūzū	2
出租车	chūzūchē	8
除了	chúle	16
厨房	chúfáng	2
穿	chuān	3
次	cì	1
从来	cónglái	18
聪明	cōngming	12
醋	cù	11

D

答案	dá'àn	13
打包	dǎ bāo	5
打工	dǎ gōng	18
打算	dǎsuàn	7
打招呼	dǎ zhāohu	9
打折	dǎ zhé	1
大象	dàxiàng	7
待	dāi	17

戴	dài	9
担心	dānxīn	12
蛋糕	dàngāo	7
当	dāng	14
倒	dǎo	9
到处	dàochù	4
到达	dàodá	1
倒	dào	11
道	dào	13
得	dé	13
灯	dēng	15
地道	dìdao	4
地点	dìdiǎn	6
地铁	dìtiě	2
地铁站	dìtiězhàn	2
点	diǎn	5
点心	diǎnxin	18
点着	diǎn zháo	11
订	dìng	1
丢	diū	3
东边	dōngbian	12
东门	dōngmén	12
动物	dòngwù	7
动物园	dòngwùyuán	7
动作	dòngzuò	10
堵车	dǔ chē	4
锻炼	duànliàn	16
对	duì	2
对手	duìshǒu	8
多么	duōme	17

E

饿	è	5
而且	érqiě	6
耳朵	ěrduo	7

F

发达	fādá	4
饭馆儿	fànguǎnr	2
饭卡	fànkǎ	9
方便	fāngbiàn	2
房东	fángdōng	2
房间	fángjiān	12
房子	fángzi	2
房租	fángzū	2
放松	fàngsōng	15
飞机	fēijī	1
非……不可	fēi……bùkě	18
……分之……	……fēnzhī……	13
份	fèn	5
风景	fēngjǐng	12
服务员	fúwùyuán	5
辅导	fǔdǎo	14
父母	fùmǔ	1
负责	fùzé	16
附近	fùjìn	5
复习	fùxí	15

G

该	gāi	7
干净	gānjìng	5
感到	gǎndào	10
感觉	gǎnjué	16
刚才	gāngcái	3
歌手	gēshǒu	14
个子	gèzi	3
更加	gèngjiā	14
公交卡	gōngjiāokǎ	9
公司	gōngsī	12
公寓	gōngyù	2
公园	gōngyuán	12
共同	gòngtóng	16
沟通	gōutōng	14
拐	guǎi	10
逛	guàng	16
锅	guō	11
过来	guòlái	15

H

嗨	hāi	15
海边	hǎibiān	17
害怕	hàipà	13
汉堡包	hànbǎobāo	4
航班	hángbān	1
好不	hǎobù	8
好玩儿	hǎowánr	17
好像	hǎoxiàng	3
号码	hàomǎ	12
盒	hé	5
河流	héliú	4
黑板	hēibǎn	9

烘干机	hōnggānjī	2
呼吸	hūxī	13
湖	hú	12
护照	hùzhào	1
花儿	huār	15
话剧	huàjù	6
话题	huàtí	16
坏	huài	9
欢迎	huānyíng	6
环境	huánjìng	5
换	huàn	17
黄金周	huángjīnzhōu	17
回	huí	10
回忆	huíyì	16
火	huǒ	11
或者	huòzhě	15

J

机场	jīchǎng	1
机会	jīhuì	14
机票	jīpiào	1
急忙	jímáng	8
挤	jǐ	7
计划	jìhuà	16
记得	jìde	13
记住	jì zhù	13
加	jiā	11
加油	jiā yóu	8
家	jiā	5
家常菜	jiāchángcài	11
家具	jiājù	12
家乡	jiāxiāng	17
价钱	jiàqián	5
假期	jiàqī	17
坚持	jiānchí	14
简历	jiǎnlì	18
健身房	jiànshēnfáng	16
交	jiāo	10
教	jiāo	11
教室	jiàoshì	15
接	jiē	1
结果	jiéguǒ	8
紧张	jǐnzhāng	13
近	jìn	2
近视	jìnshì	9
经常	jīngcháng	15
经济舱	jīngjìcāng	1
经验	jīngyàn	18
惊喜	jīngxǐ	8
精彩	jīngcǎi	8
聚会	jùhuì	16
决赛	juésài	8

K

咖啡厅	kāfēitīng	15
开玩笑	kāi wánxiào	17
开心	kāixīn	10
考试	kǎo shì	13
靠近	kàojìn	17
可爱	kě'ài	7

可口	kěkǒu	11
可惜	kěxī	8
肯定	kěndìng	17
恐怕	kǒngpà	17
口	kǒu	18
块	kuài	15
快	kuài	9
快乐	kuàilè	16
矿泉水	kuàngquánshuǐ	5

L

辣	là	7
辣椒	làjiāo	11
篮球	lánqiú	8
离	lí	2
离开	lí kāi	16
里面	lǐmiàn	3
理	lǐ	9
理想	lǐxiǎng	14
厉害	lìhai	8
立	lì	15
连……都……	lián……dōu……	13
连着	liánzhe	17
联系	liánxì	3
聊天儿	liáo tiānr	16
了解	liǎojiě	17
零钱	língqián	9
旅行	lǚxíng	17

M

麻烦	máfan	5
麻婆豆腐	mápó dòufu	4
买单	mǎi dān	5
满	mǎn	7
满意	mǎnyì	2
慢	màn	7
门口	ménkǒu	6
米饭	mǐfàn	5
面试	miànshì	18
名	míng	14
陌生	mòshēng	16
母校	mǔxiào	16

N

拿	ná	8
哪里	nǎli	4
南边	nánbian	12
南方	nánfāng	17
难得	nándé	17
难过	nánguò	13
闹钟	nàozhōng	8
牛肉	niúròu	9
牛仔裤	niúzǎikù	3
努力	nǔlì	13

P

牌子	páizi	15
盘子	pánzi	15
胖	pàng	7
跑步	pǎo bù	3
皮	pí	11
片	piàn	11

平	píng	8
瓶	píng	5

Q

其实	qíshí	13
奇怪	qíguài	10
启发	qǐfā	14
起飞	qǐfēi	1
起来	qǐ lái	7
汽车	qìchē	4
钱包	qiánbāo	3
墙	qiáng	10
巧	qiǎo	7
切	qiē	11
轻松	qīngsōng	14
清楚	qīngchu	9
晴	qíng	1
取	qǔ	15
去掉	qù diào	11

R

热	rè	11
热情	rèqíng	5
认真	rènzhēn	13
日出	rìchū	17
日子	rìzi	16
如果	rúguǒ	15

S

散步	sàn bù	12
扫	sǎo	15
沙发	shāfā	15
商店	shāngdiàn	2
上班	shàng bān	4
上去	shàng qù	8
上学	shàng xué	4
社团	shètuán	6
深	shēn	13
生活	shēnghuó	4
生日	shēngrì	16
省	shěng	17
失败	shībài	14
师傅	shīfu	4
实现	shíxiàn	14
拾到者	shídàozhě	3
食堂	shítáng	5
食指	shízhǐ	10
试	shì	15
适合	shìhé	15
收拾	shōushi	12
熟	shóu	11
书包	shūbāo	3
舒服	shūfu	15
输	shū	8
熟悉	shúxi	16
树	shù	12
数学	shùxué	8
刷卡	shuā kǎ	9
摔	shuāi	9
帅	shuài	18
水饺	shuǐjiǎo	10

睡懒觉	shuì lǎnjiào	7
顺利	shùnlì	8
丝	sī	11
送	sòng	1
酸	suān	11
蒜	suàn	11

T

糖	táng	15
趟	tàng	7
讨论	tǎolùn	16
套	tào	2
提	tí	8
甜	tián	7
条件	tiáojiàn	12
贴	tiē	6
听见	tīng jiàn	8
听说	tīngshuō	6
听写	tīngxiě	9
通知	tōngzhī	6
同时	tóngshí	18
痛快	tòngkuai	17
头等舱	tóuděngcāng	1
头发	tóufa	3
图书馆	túshūguǎn	15
土豆	tǔdòu	11

W

外卖	wàimài	10
外面	wàimiàn	2
完美	wánměi	17
完全	wánquán	16
晚点	wǎn diǎn	1
碗	wǎn	5
忘	wàng	9
网上	wǎngshàng	2
往	wǎng	7
为了	wèile	6
卫生间	wèishēngjiān	2
味道	wèidao	15
无	wú	15

X

西边	xībian	12
西红柿	xīhóngshì	5
希望	xīwàng	13
习惯	xíguàn	15
洗	xǐ	11
洗衣机	xǐyījī	2
系	xì	8
下来	xià lái	9
先	xiān	3
先生	xiānsheng	2
羡慕	xiànmù	17
相关	xiāngguān	14
箱子	xiāngzi	12
响	xiǎng	8
相片	xiàngpiàn	10
像	xiàng	4
消息	xiāoxi	14
小时候	xiǎoshíhou	14

校园	xiàoyuán	16		阴	yīn	1
笑	xiào	10		赢	yíng	8
熊猫	xióngmāo	7		影响	yǐngxiǎng	18
新鲜	xīnxiān	11		优点	yōudiǎn	18
信息	xìnxī	14		油	yóu	11
信心	xìnxīn	18		有空儿	yǒu kòngr	16
醒	xǐng	8		右	yòu	10
幸运	xìngyùn	10		幼儿园	yòu'éryuán	14
需要	xūyào	1		语言	yǔyán	14
学期	xuéqī	6		遇到	yù dào	13
学生会	xuéshēnghuì	6		原价	yuánjià	1
学生证	xuéshēngzhèng	6		原来	yuánlái	16
寻物启事	xúnwù qǐshì	3		原料	yuánliào	11
				远	yuǎn	2
Y				愿意	yuànyì	18
				越来越……	yuè lái yuè……	15
严重	yánzhòng	4		越……越……	yuè……yuè……	13
盐	yán	11		云	yún	7
眼睛	yǎnjing	3				
眼镜	yǎnjìng	9		**Z**		
阳光	yángguāng	10				
样子	yàngzi	3		再说	zàishuō	7
也许	yěxǔ	13		糟糕	zāogāo	9
夜里	yèli	9		早餐	zǎocān	4
一块儿	yíkuàir	8		长	zhǎng	3
一下子	yíxiàzi	9		招聘	zhāopìn	18
一样	yíyàng	4		着	zháo	9
一边	yìbiān	10		照	zhào	10
咦	yí	12		照片	zhàopiàn	3
以前	yǐqián	4		着	zhe	3
以为	yǐwéi	14		真正	zhēnzhèng	18

正点	zhèngdiǎn	1
只要	zhǐyào	14
纸	zhǐ	12
制订	zhìdìng	17
中餐馆	zhōngcānguǎn	7
中指	zhōngzhǐ	10
终于	zhōngyú	13
种类	zhǒnglèi	15
重	zhòng	12
重要	zhòngyào	8
周围	zhōuwéi	2
粥	zhōu	4
主意	zhúyi	5
主要	zhǔyào	5
祝	zhù	14
祝贺	zhùhè	14
专门	zhuānmén	14
专业	zhuānyè	6
准备	zhǔnbèi	7
桌子	zhuōzi	12
租	zū	2
最后	zuìhòu	11
最近	zuìjìn	4
左右	zuǒyòu	3
座位	zuòwèi	1

专有名词

G		
广州	Guǎngzhōu	17

H		
海南	Hǎinán	17

J		
加拿大	Jiānádà	4

K		
孔子	Kǒngzǐ	17

Q		
青岛	Qīngdǎo	17

S		
山东	Shāndōng	17
上海	Shànghǎi	17
十一	Shí-Yī	17
四川	Sìchuān	4

T		
泰山	Tài Shān	17
唐人街	Tángrén Jiē	4

X		
西安	Xī'ān	17

博雅国际汉语精品教材
北大版长期进修汉语教材

博雅汉语听说·初级起步篇 II
听力文本及参考答案

Boya Chinese
Listening and Speaking (Elementary) II
Listening Scripts and Answer Keys

李晓琪　主编
张文贤　编著

目录

第 1 课	订一张机票	1
第 2 课	您有房子出租，是吗	7
第 3 课	我丢了一个钱包	13
第 4 课	我在中国生活	18
第 5 课	在饭馆儿点菜	24
第 6 课	参加学校社团	30
第 7 课	去动物园	36
第 8 课	一场篮球比赛	42
第 9 课	糟糕的一天	49
第 10 课	你的旅行怎么样	55
第 11 课	做一个家常菜	61
第 12 课	搬进学校的宿舍	68
第 13 课	我叫"不紧张"	74
第 14 课	实现理想	80

第 15 课	我喜欢的咖啡厅	85
第 16 课	母校聚会	91
第 17 课	我的假期	97
第 18 课	去打工	104

第1课　订一张机票

听说词语

一、听录音，把下面词语的拼音写完整，标好声调，并大声朗读

1. dìng（订）
2. chá（查）
3. cì（次）
4. jiē（接）
5. sòng（送）
6. qíng（晴）
7. yīn（阴）
8. dǎ zhé（打折）
9. fēijī（飞机）
10. jīpiào（机票）
11. hùzhào（护照）
12. wǎn diǎn（晚点）
13. jīchǎng（机场）
14. zhèngdiǎn（正点）
15. qǐfēi（起飞）
16. xūyào（需要）
17. hángbān（航班）
18. jīngjìcāng（经济舱）
19. tóuděngcāng（头等舱）
20. fùmǔ（父母）
21. dàodá（到达）
22. zuòwèi（座位）
23. yuánjià（原价）

二、把听到的词语写在相应的图片下面，并大声朗读

护照　　打折　　机场　　起飞　　阴　　经济舱

答案：1. 打折　　2. 机场　　3. 阴　　4. 起飞　　5. 经济舱　　6. 护照

三、把听到的词语填到表中相应的位置，并大声朗读

晴　　接　　起飞　　到达　　阴　　正点

听力文本及参考答案

答案：

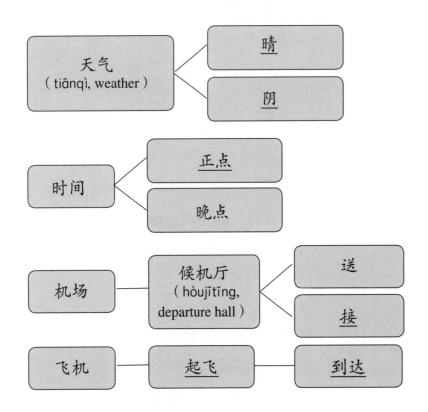

听说短语

一、听录音，把下面的短语补充完整，并大声朗读

1-5

1. <u>送</u>父母　　　　2. <u>查</u>航班
3. <u>坐</u>飞机　　　　4. <u>接</u>孩子
5. <u>正点</u>起飞　　　6. 航班<u>晚点</u>
7. 天气<u>晴</u>　　　　8. <u>订</u>机票

二、跟着录音大声朗读下面的短语

1-6

1. 查航班　　订机票　　打八折　　送朋友
2. 正点起飞　到达时间　晚点十分钟　在机场接父母

三、听录音，把下面的句子补充完整，并大声朗读

1-7

1. 我想<u>订一张机票</u>。
2. 这张机票原价 1000 元，现在<u>打八折</u>，800 元。

3. 我查一下儿航班。
4. 飞机几点起飞？
5. 这次航班正点到达。
6. 飞机晚点十分钟。
7. 你可以到机场接我吗？

听说句子

一、听句子，选择正确的回答，把答案填在括号里

1. （B）我想订一张机票。
2. （C）您想订去哪儿的机票？
3. （B）飞机几点起飞？
4. （A）航班号是多少？
5. （C）你在哪儿接我？

二、把听到的句子的序号填到相应的图片下面，并大声朗读

1. 我想订一张机票。
2. 这是您的护照。
3. 飞机下午两点零五正点起飞。
4. 飞机晚点了。

答案：（1） 2　　（2） 1　　（3） 4　　（4） 3

三、跟着录音大声朗读下面的句子

1. 我送朋友。
2. 飞机上午十点起飞。
3. 这次航班晚点了。
4. 这几天一直是阴天。
5. 到达时间是下午三点半。
6. 我的飞机是晚上八点的。
7. 我想订一张去北京的机票。

8. 我要订经济舱。

9. 我在机场门口接你。

四、回答录音中的问题

1-11

1. 您想订一张到哪儿的机票？
2. 这次航班几点起飞？
3. 您要订经济舱还是头等舱？
4. 飞机几点到达？
5. 飞机为什么会晚点？
6. 你来这儿做什么？
7. 飞机怎么还没到？
8. 你的飞机是几点的？
9. 你在哪儿接我？

听说一段话

听录音，做练习

[第一段录音] 订机票

1-12

（安娜在售票处）

售票员：您好！

安　娜：您好！我想订一张机票。

售票员：去哪儿的机票？

安　娜：从北京到上海的机票。

售票员：哪天的？

安　娜：八月三十号的。

1. 听录音，选择正确答案

（1）安娜想订去哪儿的机票？（B）

（2）安娜想订哪天的机票？（D）

第 1 课　订一张机票

2. 再听一遍录音，根据提示问题与词语复述这段对话

[第二段录音] 查航班

售票员：您好！请问您订几点的飞机？

安　娜：我想订上午十点的。

售票员：好的。我查一下儿。上午十点起飞，中午十二点一刻到达的可以吗？

安　娜：可以。航班号是多少？

售票员：航班号是MU5106。这几天上海天气一直是阴天，所以您的飞机可能会晚点。

安　娜：好，谢谢！我知道了。

1. 听录音，选择正确答案

　（1）安娜想坐几点的飞机？（A）

　（2）飞机几点到达？（C）

　（3）航班号是多少？（D）

　（4）这几天上海的天气怎么样？（C）

2. 再听一遍录音，根据提示问题与词语复述这段对话

[第三段录音] 确认机票

售票员：您好！您要经济舱还是头等舱的座位？

安　娜：经济舱。

售票员：好的。您订一张八月三十号从上海到北京的机票。

安　娜：不是从上海到北京，是从北京到上海。

售票员：对不起。是从北京到上海；航班号是MU5106；上午十点起飞，中午十二点一刻到达；经济舱。

安　娜：对，没问题。

1. 听录音，选择正确答案

　安娜订了什么座位？（A）

2. 再听一遍录音，根据提示问题与词语复述这段对话

[第四段录音] 买机票

安　娜：请问机票多少钱？

售票员：从北京到上海的机票原价1000元，现在打八折，800元。

安　娜：好。

售票员：您还需要订一张从上海到北京的机票吗？

安　娜：不用了。谢谢！给您钱。

售票员：请问您的名字是什么？

安　娜：我的名字是安娜。我是美国人。

售票员：请给我您的护照。

安　娜：好，给您！

售票员：这是您的机票。

安　娜：谢谢您！

1. 听录音，选择正确答案

（1）安娜买机票花了多少钱？（B）

（2）安娜买了几张机票？（A）

（3）安娜给了售票员什么？（C）

2. 再听一遍录音，根据提示问题与词语复述这段对话

综合练习

一、根据提示词语，复述听到的短文

安娜的朋友在上海，请安娜去上海玩儿。安娜订了一张八月三十号从北京到上海的机票，航班号是MU5106，经济舱。飞机上午十点起飞，中午十二点一刻到达。因为上海一直是阴天，所以飞机可能晚点。安娜的机票原价1000元，现在打八折，800元。到了上海，她的朋友会在机场出口接她。

第 2 课 您有房子出租，是吗

听说词语

一、听录音，把下面词语的拼音写完整，标好声调，并大声朗读

1. lí（离）
2. jìn（近）
3. tào（套）
4. yuǎn（远）
5. shāngdiàn（商店）
6. xiānsheng（先生）
7. wǎngshàng（网上）
8. fángzi（房子）
9. fángdōng（房东）
10. mǎnyì（满意）
11. fāngbiàn（方便）
12. fángzū（房租）
13. chúfáng（厨房）
14. zhōuwéi（周围）
15. gōngyù（公寓）
16. fànguǎnr（饭馆儿）
17. dìtiězhàn（地铁站）
18. xǐyījī（洗衣机）
19. wèishēngjiān（卫生间）
20. bān（搬）
21. chūzū（出租）
22. bǐ（比）
23. duì（对）
24. wàimiàn（外面）
25. zū（租）
26. dìtiě（地铁）

二、把听到的词语写在相应的图片下面，并大声朗读

饭馆儿　　地铁站　　厨房　　公寓　　商店　　卫生间
答案：1. 商店　2. 饭馆儿　3. 地铁站　4. 卫生间　5. 厨房　6. 公寓

三、把听到的词写在相应的反义词旁，并大声朗读

慢　远　外　便宜

答案：

听说短语

一、听录音，把下面的短语补充完整，并大声朗读

1. 住在学校<u>里</u>
2. <u>离</u>地铁站很近
3. 房租<u>比</u>别的房子便宜
4. 公寓比宿舍好<u>多了</u>
5. 搬<u>到</u>学校外面
6. <u>对</u>房子很满意

二、跟着录音大声朗读下面的短语

1. 一套公寓　　　　在网上看到　　　　房租多少钱
   到学校多长时间　　走路十分钟
2. 离地铁站很近　　周围有商店　　　　对房子很满意
   看房子　　　　　和朋友一起住

三、听录音，把句子补充完整，并大声朗读

1. <u>这套公寓</u>出租吗？
2. 我<u>在网上看</u>到这儿有房子出租。
3. 房租<u>多少钱</u>？
4. 住公寓比住宿舍<u>贵多了</u>。
5. 离地铁站<u>多远</u>？
6. 走路<u>多长时间</u>？
7. 我可以和别人<u>一起住</u>吗？
8. 公寓<u>周围</u>有什么？

9. 我对这个房子很满意。
10. 什么时候可以看房子？

听说句子

一、听句子，选择正确的回答，把答案填在括号里
1. （B）每个月的房租多少钱？
2. （A）房子怎么样？
3. （B）房子里有什么？
4. （A）你想什么时候看房子？
5. （B）他搬到哪里了？

二、把听到的句子的序号填到相应的图片下面，并大声朗读
1. 这个房子比那个房子好多了。
2. 他要去租房子。
3. 公寓的房租比宿舍的贵多了。
4. 公寓离地铁站很远。

答案：（1）4　　（2）3　　（3）2　　（4）1

三、跟着录音大声朗读下面的句子
1. 我想找一套公寓。
2. 坐地铁二十分钟就到学校了。
3. 房租每个月 4500 元。
4. 公寓里有厨房和卫生间。
5. 我对这套公寓非常满意。
6. 公寓周围有商店和饭馆儿。
7. 我想找一个离地铁站近一点儿的公寓。

四、回答录音中的问题
1. 你想租什么样的房子？

2. 你想找哪儿的公寓？

3. 坐地铁到学校多长时间？

4. 公寓周围有什么？

5. 公寓里有什么？

6. 房租多少钱？

7. 这个房子怎么样？

听说一段话

听录音，做练习

[第一段录音] 给房东打电话

李先生：喂！你好！哪位？

大　卫：您好！是李先生吗？我是北大的学生，我叫大卫。

李先生：大卫，你好！有什么事儿吗？

大　卫：我在网上看到您有房子出租，是吗？

李先生：是的。你要找什么样的房子？

大　卫：我想租一套公寓。

李先生：我的房子就是公寓。

1. 听录音，选择正确答案

（1）大卫为什么给李先生打电话？（D）

（2）大卫是怎么知道有房子出租的？（A）

（3）大卫想找一个什么样的房子？（A）

2. 再听一遍录音，根据提示问题与词语复述这段对话

[第二段录音] 公寓在哪儿

大　卫：您的公寓在哪儿？离地铁站远不远？

李先生：这套公寓离地铁站很近，坐地铁到北大东门三分钟。你也可以走路，走路要三十分钟。

大　卫：我想我会坐地铁，因为坐地铁比走路快多了。

李先生：公寓周围有商店和饭馆儿。

大　卫：那太好了！吃饭和买东西都非常方便。

1. 听录音，选择正确答案

（1）公寓离什么很近？（C）

（2）从公寓走路到北大要多长时间？（C）

（3）公寓周围有什么？（B）

2. 再听一遍录音，根据提示问题与词语复述这段对话

[第三段录音] 公寓里有什么

大　卫：这套公寓里有什么？

李先生：公寓里有厨房和卫生间。

大　卫：卫生间里有洗衣机吗？

李先生：有啊。

大　卫：太好了！我对这套公寓很满意。我什么时候可以看房子？

李先生：最好下个星期二下午三点。

大　卫：好的，没问题！

1. 听录音，选择正确答案

（1）公寓里没有什么？（D）

（2）洗衣机在哪儿？（B）

（3）大卫什么时候可以看房子？（B）

2. 再听一遍录音，根据提示问题与词语复述这段对话

[第四段录音] 问房租

大　卫：请问，房租多少钱？

李先生：每个月 4000 块钱。

大　卫：您的房租比别人的贵多了。

李先生：我的房子比别人的好多了。在这儿，你会住得更舒服。如果你觉得房租有点儿贵，也可以找一个人和你一起租。

大　卫：您说的也是。

1. 听录音，选择正确答案

　　（1）房租每个月多少钱？（A）

　　（2）李先生的房租和别的地方的房租比，怎么样？（A）

　　（3）李先生说，如果大卫觉得房租有点儿贵，可以怎么做？（D）

2. 再听一遍录音，根据提示问题与词语复述这段对话

综合练习

2-16

一、根据提示词语，复述听到的短文

　　大卫是北大的学生，他想搬到学校外面去住。他在网上看到李先生有房子出租，所以给李先生打电话。李先生的公寓离地铁站不远，坐地铁到北大东门三分钟，走路要三十分钟。住在那儿吃饭和买东西很方便，因为公寓周围有商店和饭馆儿。这套公寓里有厨房和卫生间，卫生间里有洗衣机。房租每个月4000块钱。如果大卫觉得贵，可以找一个人和他一起租。大卫对这套公寓很满意，他想下个星期二下午三点看房子。

第 3 课   我丢了一个钱包

听说词语

一、听录音，把下面词语的拼音写完整，标好声调，并大声朗读

3-2

1. diū（丢）
2. chuān（穿）
3. xiān（先）
4. hǎoxiàng（好像）
5. pǎo bù（跑步）
6. qiánbāo（钱包）
7. gāngcái（刚才）
8. yàngzi（样子）
9. tóufa（头发）
10. yǎnjing（眼睛）
11. gèzi（个子）
12. chènshān（衬衫）
13. zuǒ yòu（左右）
14. cāochǎng（操场）
15. liánxì（联系）
16. niúzǎikù（牛仔裤）
17. shídàozhě（拾到者）
18. xúnwù qǐshì（寻物启事）
19. shūbāo（书包）
20. zhe（着）
21. lǐmiàn（里面）
22. zhǎng（长）
23. bēi（背）
24. zhàopiàn（照片）

二、把听到的词语写在相应的图片下面，并大声朗读

3-3

跑步　　牛仔裤　　钱包　　寻物启事　　衬衫　　操场

答案：1. 寻物启事　　2. 跑步　　3. 牛仔裤
　　　4. 钱包　　　　5. 操场　　6. 衬衫

听说短语

一、听录音，把下面的短语补充完整，并大声朗读

3-4

1. 穿着一条牛仔裤　　　　2. 长什么样子

13

3. 五十块钱<u>左右</u>　　　　　4. 一<u>件</u>衬衫
5. 一<u>条</u>裤子　　　　　　6. 一<u>个</u>钱包
7. 找<u>到</u>它

二、跟着录音大声朗读下面的短语

1. 写一个寻物启事　　　有五六十块钱
   是在操场丢的　　　　穿着蓝色的衬衫
2. 下午五六点钟　　　　别着急
   和我联系　　　　　　写好了

三、听录音，把下面的句子补充完整，并大声朗读

1. 钱包里面<u>有五六十块钱</u>。
2. 我的钱包<u>是在操场丢的</u>。
3. <u>别着急</u>！我帮你找找。
4. <u>那个穿着蓝色衬衫的人</u>丢了书包。
5. 拾到者请<u>和我联系</u>。
6. <u>寻物启事</u>写好了。
7. 你是在操场<u>拾到</u>的吗？

听说句子

一、听句子，选择正确的回答，把答案填在括号里

1.（A）你在找什么？
2.（B）你是在哪儿丢的？
3.（A）你是什么时候丢的？
4.（A）书包里面有什么？
5.（B）拾到者怎么和你联系？

二、把听到的句子的序号填到相应的图片下面，并大声朗读

1. 他拾到一个钱包。
2. 钱包里面没有钱。

3. 这件衬衫五百块钱左右。
4. 那个女孩儿背着书包。

答案：（1）<u>3</u>　　（2）<u>4</u>　　（3）<u>2</u>　　（4）<u>1</u>

三、跟着录音大声朗读下面的句子

1. 我丢了一个钱包。
2. 他的个子不太高，眼睛大大的。
3. 拾到者请给我打电话。
4. 钱包里面有钱，两百块左右。
5. 我是在操场跑步的时候丢的钱包。
6. 我穿着白色的衬衫，蓝色的牛仔裤。

四、回答录音中的问题

1. 你丢了什么？
2. 你是什么时候丢的？
3. 钱包里面有什么？
4. 拾到者应该怎么和你联系？
5. 他长什么样子？
6. 你穿着什么样的衣服？

听说一段话

听录音，做练习

[第一段录音] 钱包丢了

张红：大卫，你在找什么？

大卫：张红，你来了，太好了。快帮我找找钱包，我的钱包好像丢了。

张红：别着急，你刚才去哪儿了？

大卫：我刚才去操场跑步了。

张红：那会不会是在跑步的时候丢的？

大卫：可能是。

张红：那先去操场找找吧。

大卫：好吧。

1. 听录音，选择正确答案

   （1）大卫在做什么？（C）

   （2）大卫的钱包可能是什么时候丢的？（B）

2. 再听一遍录音，根据提示问题与词语复述这段对话

[第二段录音] 写寻物启事

张红：大卫，钱包找到了吗？

大卫：没有。

张红：那我们写个寻物启事吧，让大家都帮你找找。

大卫：好！好！

张红：你是在操场丢的，对吗？

大卫：对，我是在操场跑步的时候丢的。

张红：你是什么时候去的操场？

大卫：下午五六点钟。

1. 听录音，选择正确答案

   （1）张红要怎么帮助大卫？（A）

   （2）大卫是什么时候去的操场？（D）

2. 再听一遍录音，根据提示问题与词语复述这段对话

[第三段录音] 钱包里面有什么

张红：钱包里面有什么？

大卫：我的钱包里有五十块钱左右，一张机票和一张照片。

张红：照片上是谁？

大卫：照片上是我爸爸和妈妈。我妈妈黄头发，蓝眼睛。

张红：爸爸呢？长什么样子？

第 3 课　我丢了一个钱包

大卫：我爸爸的个子比我妈妈高。他穿着一件蓝色的衬衫和一条牛仔裤。

1. **听录音，选择正确答案**
   （1）钱包里面没有什么？（D）
   （2）那张照片上是谁？（D）

2. **再听一遍录音，根据提示问题与词语复述这段对话**

[第四段录音] 拾到钱包

张红：拾到者怎么和你联系？
大卫：他可以给我打电话，我的电话是 62779586。
张红：是 62779586 吗？
大卫：是的。
张红：好，写好了！
大卫：谢谢你帮我！
张红：别客气。

1. **听录音，选择正确答案**
   （1）拾到者怎么还给大卫钱包？（D）
   （2）大卫的电话是多少？（B）

2. **再听一遍录音，根据提示问题与词语复述这段对话**

综合练习

一、**根据提示词语，复述听到的短文**

　　大卫的钱包丢了，好像是下午在操场上跑步的时候丢的。大卫去操场上找，但是没找到。张红帮他写了个寻物启事。寻物启事上面写着：昨天下午五六点钟，大卫在操场上丢了钱包。钱包里面有五十块钱左右，还有一张机票和一张照片。照片上是他的爸爸妈妈。他的妈妈黄头发、蓝眼睛；他的爸爸穿着一件蓝色的衬衫和一条牛仔裤。拾到者可以给他打电话联系，他的电话是 62779586。

第 4 课 我在中国生活

听说词语

一、听录音，把下面词语的拼音写完整，标好声调，并大声朗读

4-2

1. xiàng（像）
2. zhōu（粥）
3. héliú（河流）
4. yíyàng（一样）
5. shīfu（师傅）
6. dìdao（地道）
7. Sìchuān（四川）
8. zǎocān（早餐）
9. bāozi（包子）
10. dǔ chē（堵车）
11. fādá（发达）
12. qìchē（汽车）
13. yǐqián（以前）
14. shēnghuó（生活）
15. shàng bān（上班）
16. shàng xué（上学）
17. nǎli（哪里）
18. mápó dòufu（麻婆豆腐）
19. Jiānádà（加拿大）
20. Tángrén Jiē（唐人街）
21. hànbǎobāo（汉堡包）
22. āiyā（哎呀）
23. yánzhòng（严重）
24. zuìjìn（最近）
25. bǐrúshuō（比如说）
26. dàochù（到处）

二、把听到的词语写在相应的图片下面，并大声朗读

4-3

包子   河流   麻婆豆腐   开车   粥   堵车

答案：1. 麻婆豆腐   2. 包子   3. 堵车   4. 河流   5. 开车   6. 粥

18

第4课　我在中国生活

听说短语

4-4
一、听录音，把下面的短语补充完整，并大声朗读
1. <u>像</u>河流一样
2. 一年<u>比</u>一年多
3. <u>到处</u>都是汽车
4. 来中国<u>以后</u>
5. 大卫<u>没有</u>玛丽汉语说得好
6. <u>有的</u>坐地铁，<u>有的</u>骑自行车，<u>还有的</u>开车

4-5
二、跟着录音大声朗读下面的短语
1. 说得不错　　　　哪里，哪里　　　　喝点儿粥
   发达的地铁　　　比较严重
2. 像中国人一样　　没有北京的地道　　比汉堡包好吃多了
   不太方便　　　　一年比一年多

4-6
三、听录音，把下面的句子补充完整，并大声朗读
1. 你的汉语<u>说得真不错</u>。
2. <u>哪里，哪里</u>，我说得不好。
3. 我每天早上都<u>喝点儿粥</u>。
4. 包子比汉堡包<u>好吃多了</u>。
5. 我<u>一</u>去饭馆儿<u>就</u>点包子。
6. 唐人街的菜<u>没有</u>北京的<u>地道</u>。
7. 北京的地铁<u>挺发达的</u>。
8. 北京的堵车问题<u>比较严重</u>。
9. 开车的人<u>一年比一年多</u>。
10. 来中国以后，<u>我像中国人一样生活</u>。

听说句子

一、听句子，选择正确的回答，把答案填在括号里

1.（A）你的汉语说得真不错。
2.（B）你来中国多长时间了？
3.（A）唐人街的中国菜和北京的一样吗？
4.（A）包子和汉堡包，哪个好吃？
5.（B）人们上班、上学都开车吗？

二、把听到的句子的序号填到相应的图片下面，并大声朗读

1. 北京的地铁挺发达的。
2. 北京的路上车很多，有堵车问题。
3. 中国人早餐常常喝粥。
4. 我一去饭馆儿就点麻婆豆腐。

答案：（1）<u>2</u>　　（2）<u>3</u>　　（3）<u>4</u>　　（4）<u>1</u>

三、跟着录音大声朗读下面的句子

1. 我已经来了一年多了。
2. 地道的中国早餐有粥和包子。
3. 因为现在开车的人一年比一年多了。
4. 有的坐地铁，有的开车，还有的骑自行车。
5. 那儿的中国菜没有北京的地道。

四、回答录音中的问题

1. 在中国，人们一般怎么上班？
2. 你来中国多长时间了？
3. 唐人街的中国菜怎么样？
4. 地道的中国早餐有什么？
5. 为什么堵车问题这么严重？

第4课 我在中国生活

听说一段话

听录音，做练习

4-11

［第一段录音］在出租车上

玛丽：师傅，你好！我要去北大。

司机：你是北大的学生吗？

玛丽：是啊。我叫玛丽，是加拿大人。我来北京学习汉语。

司机：你的汉语说得真不错，像中国人一样。

玛丽：哪里，哪里。

司机：你来中国多长时间了？

玛丽：我是去年五月来的，已经来了一年多了。

1. 听录音，选择正确答案

（1）玛丽要去哪儿？（B）

（2）玛丽是什么时候来北京的？（D）

2. 再听一遍录音，根据提示问题与词语复述这段对话

4-12

［第二段录音］中国的四川菜

司机：你喜欢中国吗？

玛丽：当然，我很喜欢中国，特别喜欢吃中国菜。

司机：你在你们国家吃过中国菜吗？

玛丽：我吃过唐人街的中国菜，但是那儿的中国菜没有北京的地道。

司机：没错！吃中国菜就应该来中国。

玛丽：我特别爱吃四川菜，我一去饭馆儿就点麻婆豆腐。

1. 听录音，选择正确答案

（1）玛丽特别喜欢什么？（D）

（2）玛丽觉得唐人街的中国菜怎么样？（D）

（3）玛丽去饭馆儿常常点什么菜？（C）

21

2. 再听一遍录音，根据提示问题与词语复述这段对话

[第三段录音] 中国的早餐

司机：你还爱吃什么？

玛丽：我还爱吃包子。我每天早上都吃包子。

司机：啊？外国人不是爱吃汉堡包吗？

玛丽：是啊，可是来中国以后，我发现包子比汉堡包好吃多了。

司机：我和你一样，也爱吃包子。

玛丽：我有的时候还喝点儿粥。

司机：这是地道的中国早餐啊！和中国人吃的一样啊！

玛丽：是啊，我觉得来中国，就应该像中国人一样生活。

1. 听录音，选择正确答案

（1）玛丽还爱吃什么？（B）

（2）玛丽觉得包子和汉堡包哪个好吃？（B）

（3）玛丽的早餐是什么样的中国早餐？（C）

2. 再听一遍录音，根据提示问题与词语复述这段对话

[第四段录音] 北京的堵车问题

司机：哎呀，堵车了！一到下午六点左右就堵车。

玛丽：啊！马路上的汽车像河流一样。北京的地铁挺发达的，为什么还有堵车的问题？

司机：很多人上班很远，坐地铁还是不太方便，所以更喜欢开车上班。你们国家的人怎么上班？

玛丽：有的开车，有的坐地铁，还有的骑自行车。北京以前就有堵车的问题吗？

司机：这个问题最近几年比较严重，现在到处都是车。以前很多人骑自行车上班、上学，可是现在开车的人一年比一年多了。

1. 听录音，选择正确答案

 （1）马路上常常什么时候堵车？（C）

 （2）北京的什么很发达？（A）

 （3）以前很多人怎么上班、上学？（A）

2. 再听一遍录音，根据提示问题与词语复述这段对话

综合练习

一、根据提示词语，复述听到的短文

玛丽是一名北大的学生。她是加拿大人，现在在北大学习汉语。她已经来中国一年多了，所以她的汉语说得不错。玛丽最喜欢吃中国菜，特别爱吃四川菜，她一去饭馆儿就点麻婆豆腐。玛丽觉得来中国，就应该像中国人一样生活，所以她会吃地道的中国早餐，比如说粥和包子。玛丽回学校的路上堵车了。因为很多人上班很远，坐地铁不太方便，所以他们都开车上班。开车的人一年比一年多了，堵车问题就一年比一年严重了。

第 5 课　在饭馆儿点菜

听说词语

一、听录音，把下面词语的拼音写完整，标好声调，并大声朗读

5-2

1. è（饿）
2. wǎn（碗）
3. píng（瓶）
4. bǎo（饱）
5. diǎn（点）
6. hé（盒）
7. bīnguǎn（宾馆）
8. fùjìn（附近）
9. gānjìng（干净）
10. jiàqián（价钱）
11. huánjìng（环境）
12. rèqíng（热情）
13. dǎ bāo（打包）
14. zhúyi（主意）
15. máfan（麻烦）
16. kuàngquánshuǐ（矿泉水）
17. càidān（菜单）
18. fèn（份）
19. xīhóngshì（西红柿）
20. mǎi dān（买单）
21. fúwùyuán（服务员）
22. mǐfàn（米饭）
23. chǎo（炒）
24. shítáng（食堂）
25. zhǔyào（主要）
26. jiā（家）

二、把听到的词语写在相应的图片下面，并大声朗读

5-3

菜单　　米饭　　打包盒　　宾馆

答案：1. 宾馆　　2. 菜单　　3. 打包盒　　4. 米饭

24

第 5 课　在饭馆儿点菜

三、把听到的词语填到表中相应的位置，并大声朗读

西红柿炒鸡蛋　　矿泉水　　麻婆豆腐　　价钱　　两碗米饭　　打包盒

答案：

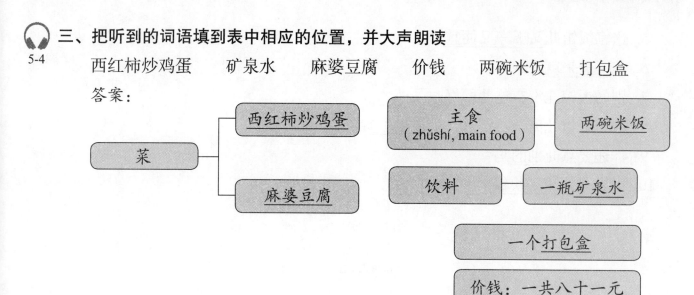

听说短语

一、听录音，把下面的短语补充完整，并大声朗读

1. <u>找</u>宾馆　　　　　　　2. <u>又</u>大<u>又</u>干净

3. <u>都</u>饿了　　　　　　　4. <u>点</u>菜

5. <u>来</u>一碗米饭　　　　　6. <u>订</u>宾馆

7. 吃<u>得</u>太饱了　　　　　 8. <u>给</u>我一个打包盒

9. <u>最</u>主要的是　　　　　10. 我<u>请</u>你

二、跟着录音大声朗读下面的短语

1. 又干净又便宜　　　　来一碗米饭　　　　价钱不贵

   再来一瓶矿泉水　　　没吃完

2. 对饭馆儿的环境很满意　　好主意　　　　吃好了

   一个打包盒

三、听录音，把下面的句子补充完整，并大声朗读

1. 服务员，可以<u>给我们一份菜单</u>吗？

2. 服务员，<u>来一碗米饭，再来一瓶水</u>。

3. 我吃得太饱了，<u>没吃完</u>。

4. 我对饭馆儿的环境很满意。

5. 这家饭馆儿又干净又便宜。

6. 我一进来就看到你了。

7. 别的饭馆儿没有这儿的好吃。

8. 这个饭馆儿离学校不远，价钱也不贵。

9. 你还要点儿别的吗？

10. 一共是八十一块钱。

听说句子

一、听句子，选择正确的回答，把答案填在括号里

1. （A）你也来这个饭馆儿吃饭啊？
2. （A）这是菜单，你们想点什么？
3. （B）你还要点儿别的吗？
4. （B）你怎么也来这儿吃饭？
5. （B）还想来点儿什么？

二、听录音，连线

1. 我想买单，再麻烦您给我一个打包盒。
2. 我要一份麻婆豆腐和一碗米饭，再来一份西红柿炒鸡蛋。
3. 这家饭馆儿离学校近，价钱也不贵，最主要的是，服务员非常热情。
4. 一份西红柿炒鸡蛋，一碗米饭，加上一瓶水，一共三十元。
5. 我对这家饭馆儿很满意，因为这家饭馆儿又干净又便宜。

三、跟着录音大声朗读下面的句子

1. 没吃完没关系，你可以打包。
2. 我想来一份麻婆豆腐和一碗米饭。
3. 学校附近的饭馆儿又干净又便宜，最主要的是价钱不贵。
4. 我经常来这儿，对这家饭馆儿非常满意。
5. 这是菜单，你们想吃点儿什么？

四、回答录音中的问题

1. 学校附近的饭馆儿怎么样？
2. 可以给我们一份菜单吗？
3. 你想吃点儿什么？
4. 你对这家饭馆儿满意吗？
5. 咱们没吃完怎么办？

听说一段话

听录音，做练习

[第一段录音] 打招呼

大卫：玛丽，你也来这个饭馆儿吃饭呀？

玛丽：哦，大卫，是你呀！

大卫：我一进来就看到你了。我们可以一起吃吗？

玛丽：没问题啊！你最近忙什么呢？

大卫：我的父母要来北京玩儿，我想帮他们找一个宾馆。

玛丽：你可以去学校附近的宾馆看看。那儿很不错，房间又大又干净。

大卫：好，我去看看。

1. 听录音，选择正确答案

（1）玛丽和大卫是在哪儿见面的？（B）

（2）大卫最近忙什么呢？（C）

2. 再听一遍录音，根据提示问题与词语复述这段对话

[第二段录音] 点菜

大　卫：我们点菜吧！我都饿了！

玛　丽：好啊。服务员，可以给我们一份菜单吗？

服务员：这是菜单。你们想吃点儿什么？

大　卫：我要一个西红柿炒鸡蛋。玛丽，你呢？

玛　丽：我想来一个麻婆豆腐和一碗米饭。

服务员：好的。还要点儿别的吗？

玛　丽：我再来一瓶矿泉水，谢谢！

1. 听录音，选择正确答案

    （1）点菜以前，玛丽让服务员给他们什么？（C）

    （2）大卫点了什么菜？（D）

    （3）玛丽点了什么菜？（A）

2. 再听一遍录音，根据提示问题与词语复述这段对话

[第三段录音] 这家饭馆儿怎么样

玛丽：大卫，你怎么也来这家饭馆儿吃饭了？

大卫：我经常来，这儿离学校不远，价钱也不贵。

玛丽：那你为什么不在学校食堂吃饭？

大卫：我爱吃西红柿炒鸡蛋，食堂做的没有这儿的好吃。

玛丽：这家饭馆儿真不错，我对这家饭馆儿的环境和价钱都很满意。

大卫：最主要的是，这儿的服务员非常热情，我还可以和他们练习汉语。

1. 听录音，选择正确答案

    （1）大卫为什么经常来这家饭馆儿？（D）

    （2）大卫为什么不在学校食堂吃饭？（C）

    （3）玛丽对这家饭馆儿的哪方面很满意？（C）

2. 再听一遍录音，根据提示问题与词语复述这段对话

[第四段录音] 买单、打包

玛　丽：这儿的菜真不错，可是，我吃得太饱了，没吃完。

大　卫：没吃完没关系，你可以打包。

玛　丽：好主意！服务员！

服务员：您好！您还想来点儿什么？

第5课　在饭馆儿点菜

玛　丽：不用了，我们已经吃好了。我们想买单，再麻烦您给我一个打包盒。

服务员：好的。八十块钱，加上打包盒一块钱，一共是八十一块。

大　卫：玛丽，今天我请你，谢谢你告诉我订哪个宾馆。

玛　丽：好吧，那下次我来。

1. 听录音，选择正确答案

    （1）玛丽为什么没吃完？（C）

    （2）打包盒多少钱？（A）

    （3）玛丽和大卫一共花了多少钱？（B）

2. 再听一遍录音，根据提示问题与词语复述这段对话

综合练习

5-16

一、根据提示词语，复述听到的短文

　　大卫一进饭馆儿就看到玛丽了，他打算和玛丽一起吃饭。大卫和玛丽聊了会儿天儿，就想点菜了。玛丽让服务员给他们一份菜单。大卫点了一个西红柿炒鸡蛋和一碗米饭，玛丽点了麻婆豆腐、一碗米饭和一瓶矿泉水。大卫觉得学校食堂做的菜没有这儿的好吃，所以他经常来这儿吃饭。玛丽也对这家饭馆儿非常满意，因为这儿的环境很好，价钱也不贵。大卫觉得最主要的是，这儿的服务员非常热情。玛丽没吃完，她要了一个打包盒，打算把菜打包带走。他们一共花了八十一块钱。

第 6 课 参加学校社团

听说词语

一、听录音，把下面词语的拼音写完整，标好声调，并大声朗读

6-2

1. shètuán（社团）
2. bào míng（报名）
3. cānjiā（参加）
4. tōngzhī（通知）
5. xuéqī（学期）
6. dìdiǎn（地点）
7. huàjù（话剧）
8. huānyíng（欢迎）
9. xuéshēnghuì（学生会）
10. bàngōngshì（办公室）
11. chá（茶）
12. xuéshēngzhèng（学生证）
13. bàomíngbiǎo（报名表）
14. tiē（贴）
15. zhuānyè（专业）
16. búdàn（不但）
17. érqiě（而且）
18. ménkǒu（门口）
19. tīngshuō（听说）
20. bú jiàn bú sàn（不见不散）
21. wèile（为了）

二、把听到的词语写在相应的图片下面，并大声朗读

6-3

茶　　通知　　报名表　　办公室

答案：1. 通知　　2. 报名表　　3. 办公室　　4. 茶

三、把听到的词语填到表中相应的位置，并大声朗读

6-4

报名表　　通知　　学生证　　报名

答案：

看到通知 → 想报名 → 写报名表 / 带学生证 → 报名成功 → 参加社团

第6课　参加学校社团

听说短语

一、听录音，把下面的短语补充完整，并大声朗读

1. 门口<u>贴</u>着通知
2. 通知<u>上</u>写<u>着</u>
3. <u>下</u>个星期一
4. 在报名表<u>上</u>写
5. 喝<u>着</u>茶写字
6. 带学生证<u>就</u>行了
7. 写<u>好</u>了
8. 一<u>张</u>报名表
9. <u>不</u>见<u>不</u>散
10. 看<u>一下儿</u>你的学生证

二、跟着录音大声朗读下面的短语

1. 报名参加社团　　报名地点　　不但……而且……
　为了练习口语　　带学生证　　茶文化
2. 喝着茶写汉字　　不见不散　　没想好
　写上名字就行了　贴通知　　　写好了

三、听录音，把下面的句子补充完整，并大声朗读

1. 我<u>写好</u>报名表了。
2. 我应该<u>带</u>什么去报名？
3. <u>报名地点</u>是学生会办公室。
4. 我还<u>没想好</u>参加哪个社团。
5. 新学期，我想<u>报名参加社团</u>。
6. 在报名表上<u>写上自己的名字就行了</u>。
7. <u>为了练习口语</u>，我可以参加话剧社团。
8. 希望有一天，我也可以<u>喝着茶写汉字</u>。
9. 明天下午两点，宿舍楼门口，<u>不见不散</u>。
10. 参加社团<u>不但</u>可以交朋友，<u>而且</u>还可以练习汉语。

博雅汉语听说·初级起步篇 II

听力文本及参考答案

听说句子

一、听句子，选择正确的回答，把答案填在括号里

6-8

1.（B）你是怎么知道这个通知的？

2.（A）你要参加社团吗？

3.（B）我应该带什么去报名？

4.（A）我们什么时候去报名？

5.（A）报名表写好了给我就行了。

二、把听到的句子的序号填到相应的图片下面，并大声朗读

6-9

1. 欢迎参加话剧社团。

2. 在茶社团你可以知道更多茶文化。

3. 我希望以后我可以一边喝茶，一边写汉字。

4. 宿舍楼门口贴着一个通知。

答案：（1） 3   （2） 1   （3） 2   （4） 4

三、跟着录音大声朗读下面的句子

6-10

1. 我没听说啊。

2. 带学生证就行了。

3. 宿舍楼门口贴着通知。

4. 为了练习口语，你应该参加话剧社团。

5. 在报名表上写上你的名字和专业。

6. 我们一起去报名吧！

7. 我想喝着茶写汉字。

8. 报名地点是学生会办公室。

9. 我看到通知了。

10. 参加社团不但可以让你交更多朋友，而且还可以练习汉语。

四、回答录音中的问题

6-11

1. 你听说了吗？社团开始报名了。

2. 你是怎么知道社团开始报名的？

3. 你在哪儿看到的通知？
4. 通知上写着什么？
5. 参加社团对我有什么帮助？
6. 为了练习口语，我应该参加什么社团？
7. 现在可以报名参加社团了吗？
8. 我应该带什么去报名？
9. 你为什么报茶社团？
10. 报名时应该在报名表上写什么？

听说一段话

听录音，做练习

[第一段录音] 通知

安娜：玛丽，你听说了吗？现在可以报名参加学校的社团了。

玛丽：啊？我没听说。安娜，你是怎么知道的？

安娜：我看到通知了。

玛丽：什么通知？在哪儿？

安娜：宿舍楼门口贴着一个通知，通知上写着"新学期开始了，下个星期一社团开始报名"。

1. **听录音，选择正确答案**

   （1）安娜找玛丽什么事儿？（C）

   （2）通知在哪儿贴着？（D）

   （3）学校的社团什么时候开始报名？（C）

2. **再听一遍录音，根据提示问题与词语复述这段对话**

[第二段录音] 学校社团

大卫：玛丽，你在看什么呢？

玛丽：大卫，你看，这里贴着一个通知。"通知：学校的社团在下个星期一开始报名，报名地点是学生会办公室"。

大卫：太好了！我要参加。玛丽，你要参加吗？

玛丽：我还没想好。

大卫：为什么不参加？参加社团不但可以交很多朋友，而且还可以练习汉语。

玛丽：嗯，对！为了练习口语，我想参加话剧社团。

大卫：这次我想参加中国茶社团，我希望可以喝着茶写汉字。

1. 听录音，选择正确答案

（1）报名地点在哪儿？（C）

（2）玛丽想参加什么社团？（C）

（3）大卫想参加什么社团？（B）

2. 再听一遍录音，根据提示问题与词语复述这段对话

[第三段录音] 一起去报名

6-14

玛丽：大卫，我们早点儿去报名社团吧。

大卫：好啊。下个星期一下午两点去吧，我在留学生宿舍楼门口等你。

玛丽：好的，不见不散！

大卫：哦，对了，玛丽，我们应该带什么去？

玛丽：我们带学生证去就行了。

大卫：好的，下个星期一见！

1. 听录音，选择正确答案

（1）大卫想和玛丽一起去做什么？（D）

（2）玛丽和大卫什么时候见面？（C）

（3）报名的时候带什么去？（C）

2. 再听一遍录音，根据提示问题与词语复述这段对话

[第四段录音] 报名

6-15

社团负责人：你们好！你们想参加什么社团？

大　　　卫：您好！我想参加中国茶社团，因为我很喜欢中国的茶文化。

玛　　　丽：我想参加话剧社团。因为我想练习汉语口语。

社团负责人：好。我看一下儿你们的学生证。这儿有一张报名表，你们在报名表上写上你们的名字、专业。写好了给我就行了。

玛丽、大卫：给您，我们写好了。

社团负责人：欢迎你们参加社团！

1. **听录音，选择正确答案**

　　（1）玛丽为什么要参加话剧社团？（A）

　　（2）报名表上不用写什么？（B）

2. **再听一遍录音，根据提示问题与词语复述这段对话**

综合练习

6-16

一、**根据提示词语，复述听到的短文**

　　宿舍楼门口贴着一个通知，通知上写着："学校的社团在下个星期一开始报名，报名地点是学生会办公室"。安娜把这个消息告诉了玛丽，可是玛丽还没想好参不参加社团。大卫认为，玛丽应该参加社团，因为参加社团不但可以交很多朋友，而且还可以练习汉语。玛丽觉得大卫说得对，为了练习口语，她想参加话剧社团。大卫因为喜欢中国的茶文化，所以他想参加茶社团。玛丽和大卫想一起去报名，他们下个星期一下午两点在留学生宿舍楼门口见面。报名的时候，只需要带学生证，给老师看一下儿，然后在报名表上写上名字和专业就行了。

第7课 去动物园

听说词语

7-2

一、听录音，把下面词语的拼音写完整，标好声调，并大声朗读

1. jǐ（挤）
2. tàng（趟）
3. qiǎo（巧）
4. yún（云）
5. wǎng（往）
6. tián（甜）
7. là（辣）
8. bào（报）
9. dǎsuàn（打算）
10. dàngāo（蛋糕）
11. xióngmāo（熊猫）
12. kě'ài（可爱）
13. dàxiàng（大象）
14. ěrduo（耳朵）
15. bízi（鼻子）
16. pàng（胖）
17. shuì lǎnjiào（睡懒觉）
18. dòngwùyuán（动物园）
19. zhōngcānguǎn（中餐馆）
20. qǐ lái（起来）
21. zhǔnbèi（准备）
22. dòngwù（动物）
23. zàishuō（再说）
24. gāi（该）
25. màn（慢）
26. mǎn（满）

7-3

二、把听到的词语写在相应的图片下面，并大声朗读

大象　　云　　大熊猫　　动物园

答案：1. 动物园　　2. 大熊猫　　3. 大象　　4. 云

三、把听到的词语填到表中相应的位置，并大声朗读

大大的　　小小的　　长长的　　慢慢的　　黑黑的

答案：

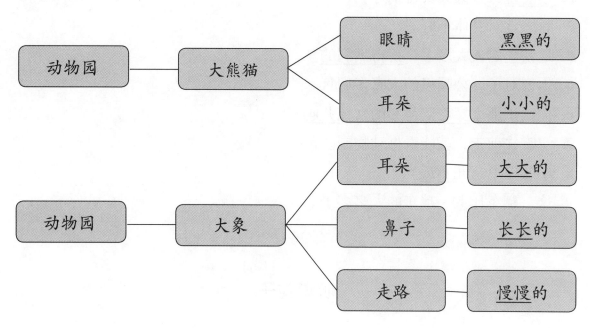

听说短语

一、听录音，把下面的短语补充完整，并大声朗读

1. 挤得<u>满满的</u>
2. <u>对</u>身体不好
3. <u>才</u>八点
4. 准备<u>好</u>
5. <u>比</u>别的时候多
6. 走路十分钟<u>就</u>到了
7. <u>该</u>吃午饭了
8. 天<u>蓝蓝的</u>
9. 一<u>趟</u>地铁
10. 比上一趟人<u>还</u>多

二、跟着录音大声朗读下面的短语

1. 睡懒觉　　　　　报上说　　　　　对身体不好
　 挤得满满的　　　你说对了　　　　人真多
2. 穿着蓝衬衫的女孩儿　　往前走　　　离这儿不远
　 A 比 B 多多了　　　　胖胖的　　　甜甜的

三、听录音，把下面的句子补充完整，并大声朗读

1. 我喜欢睡懒觉。
2. 报上说，今天天气特别好。
3. 睡懒觉对身体不好。
4. 地铁里的人太多了，挤得满满的。
5. 你说对了，公园里的人真多啊！
6. 你认识那个穿着蓝衬衫的女孩儿吗？
7. 一直往前走，就能看见动物园。
8. 中餐馆离这儿不远。
9. 这一趟车比上一趟车的人多多了。

听说句子

一、听句子，选择正确的回答，把答案填在括号里

1. （B）你怎么还不起床？
2. （C）今天天气怎么样？
3. （C）为什么这么早就去动物园？
4. （B）你想看什么动物？
5. （A）中餐馆在哪儿？

二、听录音，连线

1. 今天天气特别好，去动物园的人比别的时候多。
2. 去动物园的人真多啊，地铁里挤得满满的。
3. 大象耳朵大大的，鼻子长长的，可爱极了。
4. 下午一点了，我饿了，该吃午饭了。

三、跟着录音大声朗读下面的句子

1. 我还没起床呢。
2. 都九点了！睡懒觉对身体不好。
3. 天气真好！天蓝蓝的，云白白的。

4. 今天天气好，去动物园的人比别的时候多。
5. 我们先去大熊猫馆吧。
6. 一直往前走就到了。
7. 我最想看的动物是大象。
8. 大熊猫非常可爱，胖胖的，眼睛黑黑的。
9. 下一趟地铁上的人可能比这一趟还多。
10. 四川饭馆儿走路十分钟就到了。

四、回答录音中的问题

1. 你怎么还不起床？
2. 你准备好去动物园了吗？
3. 你最想看什么动物？
4. 动物园里为什么这么多人？
5. 我们先去哪儿？
6. 今天天气怎么样？
7. 动物园附近有饭馆儿吗？
8. 我们坐哪一趟地铁？
9. 大熊猫馆怎么走？
10. 大熊猫长什么样？

听说一段话

听录音，做练习

[第一段录音] 玛丽给大卫打电话

（电话铃声）

大卫：喂！

玛丽：喂！大卫，我是玛丽。我们今天不是打算去动物园吗？你准备好了吗？

大卫：可是我还没起床呢。我想睡懒觉。

玛丽：报上说，睡懒觉对身体不好。快起来吧！

大卫：现在才八点。我们为什么去那么早？

玛丽：去晚了人多，再说，今天天气这么好，去动物园的人一定比别的时候都多，所以更要早去。

1. 听录音，选择正确答案

（1）现在几点？（B）

（2）玛丽和大卫今天打算做什么？（D）

（3）是谁说的睡懒觉对身体不好？（D）

2. 再听一遍录音，根据提示问题与词语复述这段对话

[第二段录音] 等地铁

玛丽：大卫，你看，地铁挤得满满的。

大卫：是啊，你真说对了，去动物园的人真多！

玛丽：我们等下一趟地铁吧！

大卫：好。玛丽，你看见那个穿着蓝衬衫的女孩儿了吗？她好像也是我们茶社团的。

玛丽：这么巧啊！好了，地铁来了。

大卫：天啊！比上一趟人还多。

1. 听录音，选择正确答案

（1）玛丽说对了什么事情？（D）

（2）大卫看到的女孩儿好像是谁？（C）

（3）和上一趟地铁比，这趟地铁上的人多吗？（D）

2. 再听一遍录音，根据提示问题与词语复述这段对话

[第三段录音] 到动物园

玛丽：今天天气真好！

大卫：是啊！你看，天蓝蓝的，云白白的，真漂亮！

玛丽：这么大的动物园，我们先去哪儿？

大卫：一直往前走是大熊猫馆，我们就先去看大熊猫吧。

玛丽：好啊，我最喜欢大熊猫了。它胖胖的，很可爱。大卫，你想看什么动物？

大卫：我想去看大象。

玛丽：大象的耳朵大大的，鼻子长长的，走路慢慢的，也很可爱。

1. 听录音，选择正确答案

（1）今天天气怎么样？（C）

（2）大卫和玛丽先做什么？（B）

（3）大熊猫馆在哪儿？（B）

2. 再听一遍录音，根据提示问题与词语复述这段对话

[第四段录音] 离开动物园

大卫：都下午一点了。该吃午饭了，咱们在附近买点儿吃的吧。

玛丽：好啊！我知道一家蛋糕店。那儿的蛋糕甜甜的，特别好吃。

大卫：可是我不想吃甜的，我想吃辣的。

玛丽：那我们去中餐馆吧！离这儿不远，有家四川饭馆儿，走路十分钟就到了。

大卫：太好了，我们快走吧！

1. 听录音，选择正确答案

（1）现在几点了？（A）

（2）玛丽说什么很好吃？（B）

（3）最后，玛丽和大卫要去吃什么？（D）

2. 再听一遍录音，根据提示问题与词语复述这段对话

综合练习

一、根据提示词语，复述听到的短文

玛丽和大卫打算今天去动物园，但是大卫想睡懒觉，所以还没起床。因为今天天气好，所以去动物园的人比别的时候都多，地铁上挤得满满的。玛丽和大卫等了两趟地铁。到了动物园，他们先去了大熊猫馆。玛丽最喜欢大熊猫了，她觉得大熊猫胖胖的，非常可爱。大卫想看的动物是大象，他觉得大象走路慢慢的，也很可爱。到了下午一点，玛丽和大卫在离动物园不远的一家中餐馆吃的午饭。

第 8 课　一场篮球比赛

听说词语

一、听录音，把下面词语的拼音写完整，标好声调，并大声朗读

8-2

1. xǐng（醒）
2. xì（系）
3. shū（输）
4. yíng（赢）
5. tí（提）
6. píng（平）
7. chǎng（场）
8. xiǎng（响）
9. ná（拿）
10. chídào（迟到）
11. nàozhōng（闹钟）
12. hǎobù（好不）
13. jímáng（急忙）
14. shùnlì（顺利）
15. lìhai（厉害）
16. shùxué（数学）
17. jīngcǎi（精彩）
18. kěxī（可惜）
19. juésài（决赛）
20. duìshǒu（对手）
21. zhòngyào（重要）
22. jiāyóu（加油）
23. jiéguǒ（结果）
24. jīngxǐ（惊喜）
25. chūzūchē（出租车）
26. lánqiú（篮球）
27. bǐsài（比赛）
28. tīng jiàn（听见）
29. shàng qù（上去）
30. yíkuàir（一块儿）
31. bǐ（比）

二、把听到的词语写在相应的图片下面，并大声朗读

8-3

出租车　　赢　　篮球比赛　　闹钟

答案：1. 闹钟　　2. 篮球比赛　　3. 出租车　　4. 赢

42

第8课　一场篮球比赛

　三、把听到的词语填到表中相应的位置，并大声朗读

好　　一样　　差　　结果　　输　　平

答案：

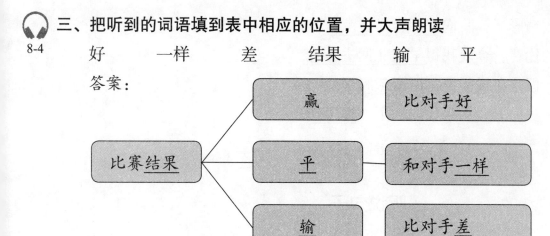

听说短语

　一、听录音，把下面的短语补充完整，并大声朗读

1. 起<u>晚</u>了
2. <u>都</u>九点半了
3. 没听<u>见</u>
4. <u>拿起</u>闹钟
5. 挺快<u>的</u>
6. 好不容易<u>才</u>赢
7. 比坐公共汽车快<u>一点儿</u>
8. 给你们<u>加油</u>
9. 挤不<u>上</u>去
10. 一场比赛

　二、跟着录音大声朗读下面的短语

1. 别提了　　　起晚了　　　拿起闹钟一看
   都九点半了　急忙打出租车
2. 真可惜　　　给我们加油　　好不容易才赢
   打平很多次　早点儿回去休息

三、听录音，把下面的句子补充完整，并大声朗读

1. 你来<u>给我们加油</u>吧！
2. <u>别提了</u>，我比赛迟到了。
3. 我<u>拿起手机一看</u>，都九点半了。
4. 比赛<u>都</u>快开始<u>了</u>，我<u>急忙</u>打出租车到学校。
5. 对手太厉害了，我们<u>打平了很多次</u>。

43

6. 这次比赛太精彩了，我们好不容易才赢了。

7. 为了明天的比赛，今晚我得早点儿回去休息。

8. 闹钟响了，但是我没听见，所以起晚了。

9. 我们比对手少一分，结果我们输了，真可惜。

听说句子

一、听句子，选择正确的回答，把答案填在括号里

8-8

1. （C）昨天的篮球比赛怎么样？

2. （C）从你家到学校要多长时间？

3. （A）你为什么急忙打出租车？

4. （C）真可惜，没看到你们比赛。

5. （B）比赛结果怎么样？

二、把听到的句子的序号填到相应的图片下面，并大声朗读

8-9

1. 闹钟响了，可是我没听见。

2. 快迟到了，我急忙跑到公司。

3. 昨天的篮球比赛很精彩。

4. 公共汽车里人很多，挤不上去了。

答案：（1）_3_　　（2）_2_　　（3）_4_　　（4）_1_

三、跟着录音大声朗读下面的句子

8-10

1. 我们比对手多两分。

2. 别提了，昨天的比赛我迟到了。

3. 公共汽车上的人特别多，我挤不上去。

4. 决赛的时候来给我们加油吧！

5. 如果堵车的话，可能要一个半小时。

6. 坐出租车比坐公共汽车快一点儿。

7. 我们和对手打平了。

8. 不了，我得早点儿回去休息。

第8课　一场篮球比赛

四、回答录音中的问题

8-11

1. 昨天的篮球比赛怎么样？
2. 从你家到学校要多长时间？
3. 出租车比公共汽车快很多吗？
4. 你为什么不坐公共汽车？
5. 昨天的比赛怎么样？
6. 比赛结果怎么样？
7. 你昨天去看比赛了吗？
8. 我们一块儿吃饭吧？

听说一段话

听录音，做练习

8-12

［第一段录音］起床起晚了

玛丽：李军，昨天的篮球比赛怎么样？

李军：别提了。

玛丽：怎么了？

李军：我起晚了，比赛迟到了。

玛丽：怎么会起晚了？

李军：昨天早上我的闹钟响了，但是我没听见。我醒了以后，拿起闹钟一看，都九点半了。

玛丽：从你家到学校要多长时间？

李军：坐公共汽车五十分钟，如果堵车的话，可能要一个半小时。

1. **听录音，选择正确答案**

   （1）昨天李军怎么了？（D）

   （2）堵车的话，从李军家到学校，坐公共汽车一般要多长时间？（C）

2. **再听一遍录音，根据提示问题与词语复述这段对话**

[第二段录音] 去学校的路上

玛丽：你是几点到学校的？

李军：十点十分。

玛丽：那还是挺快的。是坐公共汽车去的吗？

李军：没有，坐公共汽车不会这么快，我是坐出租车去的学校。

玛丽：坐出租车比坐公共汽车快多了。

李军：不是快多了，是快一点儿。再说昨天每辆公共汽车都挤得满满的，我挤不上去啊，只好急忙打出租车了。

1. 听录音，选择正确答案

（1）李军是几点到的学校？（D）

（2）李军是怎么去的学校？（B）

（3）李军为什么坐出租车？（C）

2. 再听一遍录音，根据提示问题与词语复述这段对话

[第三段录音] 比赛的情况

玛丽：你们和哪个系比赛？

李军：数学系。

玛丽：比赛挺顺利的吧？

李军：不太顺利。他们是很厉害的对手。

玛丽：两个厉害的队一起比赛，一定很精彩。

李军：是挺精彩的！打平了很多次。

玛丽：真可惜，这次没看到你们比赛。

李军：没事儿，玛丽，明天是决赛，你来给我们加油吧！

1. 听录音，选择正确答案

（1）李军他们的对手是谁？（C）

（2）为什么李军说"比赛不太顺利"？（A）

（3）明天玛丽来做什么？（B）

2. 再听一遍录音，根据提示问题与词语复述这段对话

[第四段录音] 比赛结果

玛丽：李军，比赛结果怎么样？

李军：哎……

玛丽：你们输了？

李军：没有。

玛丽：平了？

李军：也没有。

玛丽：你们赢了？

李军：猜对了！

玛丽：那你为什么"哎……"

李军：我想给你一个惊喜。比赛结果是 35 比 33，我们比对手多两分。

玛丽：好不容易才赢了比赛，我们应该一块儿去吃饭！

李军：不了，明天的比赛更重要，我得早点儿回去休息，我可不希望明天像昨天一样起晚了。

1. 听录音，选择正确答案

（1）比赛结果怎么样？（A）

（2）比赛结果是多少？（B）

2. 再听一遍录音，根据提示问题与词语复述这段对话

综合练习

一、根据提示词语，复述听到的短文

昨天李军要参加一场篮球比赛，但是他早上起晚了。他没听见闹钟响。他醒了以后，拿起闹钟一看，都九点半了。李军急忙打了个出租车，他用了四十分钟到了学校。他们的比赛对手是数学系，这个篮球队也很厉害，所以他们打平了很

多次，比赛非常精彩。最后的比赛结果是35比33，李军的队只比对手多两分。为了明天更重要的比赛，李军今晚想早点儿回去休息，他不希望明天像昨天一样起晚了。

第 9 课　糟糕的一天

听说词语

一、听录音，把下面词语的拼音写完整，标好声调，并大声朗读

1. lǐ（理）
2. dài（戴）
3. qīngchu（清楚）
4. shuāi（摔）
5. huài（坏）
6. dǎo（倒）
7. běnzi（本子）
8. tīngxiě（听写）
9. yèli（夜里）
10. fànkǎ（饭卡）
11. shuā kǎ（刷卡）
12. língqián（零钱）
13. niúròu（牛肉）
14. bǐ（笔）
15. yǎnjìng（眼镜）
16. dǎ zhāohu（打招呼）
17. gōngjiāokǎ（公交卡）
18. jìnshì（近视）
19. zāogāo（糟糕）
20. zháo（着）
21. yíxiàzi（一下子）
22. chéngkè（乘客）
23. kuài（快）
24. xià lái（下来）
25. hēibǎn（黑板）
26. wàng（忘）

二、把听到的词语写在相应的图片下面，并大声朗读

零钱　　摔倒　　眼镜　　刷卡

答案：1. 刷卡　　2. 摔倒　　3. 眼镜　　4. 零钱

听说短语

一、听录音，把下面的短语补充完整，并大声朗读

1. 睡不<u>着</u>觉
2. 跑<u>来</u>跑<u>去</u>
3. 看<u>清楚</u>
4. 摔<u>坏了</u>
5. 打<u>招呼</u>
6. 写<u>完了</u>
7. 拿<u>出</u>一个本子<u>来</u>
8. 说<u>得</u>太快

二、跟着录音大声朗读下面的短语

1. 跟你打招呼　　看不清楚　　忘了带
   准备好了　　没有零钱
2. 跑来跑去　　前门上车　　上车请刷卡
   在门口站着　　再来个牛肉　　糟糕的一天

三、听录音，把下面的句子补充完整，并大声朗读

1. 我<u>忘了带</u>公交卡。
2. 我还想<u>再来个牛肉</u>。
3. 有人<u>跟你打招呼</u>。
4. 楼上的孩子<u>跑来跑去</u>。
5. 我没戴眼镜，<u>所以看不清楚</u>。
6. 请<u>拿出</u>一个本子<u>来</u>。
7. <u>准备好了吗</u>？现在开始听写。
8. 售票员告诉我们"<u>上车请刷卡</u>"。
9. 你<u>在门口站着</u>干吗？

听说句子

一、听句子，选择正确的回答，把答案填在括号里

1. （C）我跟你打招呼，你怎么不理我？
2. （C）你的眼镜是怎么摔坏的？

3. （C）你准备好了吗？

4. （A）我想坐公共汽车，可是我只有一张一百块钱，怎么办？

二、把听到的句子的序号填到相应的图片下面，并大声朗读

1. 他们在食堂门口站着。

2. 夜里，他一直睡不着。

3. 他们在跟你打招呼呢。

4. 戴眼镜，我可以看得很清楚。

答案：（1）<u>2</u>　　　（2）<u>4</u>　　　（3）<u>3</u>　　　（4）<u>1</u>

三、跟着录音大声朗读下面的句子

1. 好，我买票吧。

2. 再来一个牛肉吧。

3. 我没戴眼镜，看不清楚是你。

4. 我好像忘带饭卡了，我在想怎么办。

5. 老师，您说得太快了，可以再说一遍吗？

6. 昨天早上我的眼镜摔坏了。

四、回答录音中的问题

1. 你怎么不理我？

2. 你为什么不戴眼镜？

3. 大家写完了吗？

4. 你怎么不进去吃饭啊？

5. 一个菜太少了，要不再来一个菜吧？

6. 你的公交卡里还有钱吗？

听说一段话

听录音,做练习

[第一段录音] 眼镜摔坏了

张红：大卫,大卫！我跟你打招呼,你怎么不理我？

大卫：是张红啊。我眼睛近视,没戴眼镜,看不清楚啊。

张红：你的眼镜呢？

大卫：我的眼镜摔坏了。

张红：怎么摔坏的？

大卫：今天早上我不小心摔倒了,眼镜也一下子摔坏了。

1. 听录音,选择正确答案

　　（1）大卫为什么不跟张红打招呼？（A）

　　（2）大卫为什么不戴眼镜？（D）

2. 再听一遍录音,根据提示问题与词语复述这段对话

[第二段录音] 上课的时候

刘老师：同学们,请你们拿出一个本子来,我们先听写一个句子。准备好了吗？

大　卫：对不起,老师,等一下儿,我忘了带笔。

同　学：大卫,用我的笔吧。

刘老师：好,我们开始听写。这个句子是"昨天夜里,住在楼上的孩子跑来跑去,我睡不着觉",大家写完了吗？

大　卫：不好意思,老师,您说得太快了。您可以再说一遍吗？

刘老师：写不下来没关系,一会儿,你可以看黑板上的句子。

大　卫：我的眼镜摔坏了,看不清楚黑板上的字。

1. 听录音,选择正确答案

　　（1）上课的时候,老师让大家先做什么？（B）

　　（2）大卫忘了带什么？（B）

　　（3）大卫为什么记不住听写的句子？（C）

2. **再听一遍录音，根据提示问题与词语复述这段对话**

[第三段录音] 在食堂

张红：嘿！大卫，在食堂门口站着干吗？怎么不进去吃饭啊？

大卫：我好像忘了带饭卡。

张红：那你用我的饭卡吧，我请你。

大卫：谢谢你，张红！我吃个西红柿炒鸡蛋就行了。

张红：一个太少了，再要一个菜吧。

大卫：那再来个牛肉吧。谢谢你！

1. **听录音，选择正确答案**

（1）大卫为什么不进食堂吃饭？（C）

（2）大卫点了什么菜？（C）

2. **再听一遍录音，根据提示问题与词语复述这段对话**

[第四段录音] 坐车回家

（大卫在公交车上）

售票员：前门上车，后门下车。上车请刷卡。

大　卫：哦，我忘了带公交卡，我买票吧。

售票员：可以啊，两块。

大　卫：哎呀，我没有零钱，只有一张一百块钱。怎么办？

女乘客：别着急，我这儿有两块钱，给你吧。

大　卫：太谢谢您了！今天真是糟糕的一天！

1. **听录音，选择正确答案**

（1）坐公交车时应该在哪个门上车？（A）

（2）大卫为什么买票？（A）

（3）大卫买票花了多少钱？（A）

2. **再听一遍录音，根据提示问题与词语复述这段对话**

综合练习

一、根据提示词语，复述听到的短文

对大卫来说，今天是糟糕的一天。早上，他不小心摔倒了，眼镜也摔坏了。没有眼镜，大卫看不清楚，所以早上张红跟他打招呼时，他就没理张红。上课的时候，大卫发现自己忘了带笔。听写的时候老师说得太快了，他没写下来。老师让大卫看黑板上的句子，但是因为没戴眼镜，所以他看不清楚。中午，大卫忘了带饭卡，所以他站在食堂门口，希望有人可以帮助他。张红帮他买了西红柿炒鸡蛋和牛肉这两个菜。放学回家，大卫忘了带公交卡，又没有零钱，这时，一个女乘客给了他两块钱零钱。

第 10 课　你的旅行怎么样

听说词语

一、听录音，把下面词语的拼音写完整，标好声调，并大声朗读

10-2

1. zh**ào**（照）
2. gu**ǎ**i（拐）
3. ji**āo**（交）
4. b**ǎ**i（摆）
5. qi**áng**（墙）
6. xi**àng**pi**àn**（相片）
7. y**áng**gu**ā**ng（阳光）
8. c**àn**l**àn**（灿烂）
9. shu**ǐ**ji**ǎo**（水饺）
10. hu**í**（回）
11. g**ǎn**d**à**o（感到）
12. q**í**gu**à**i（奇怪）
13. y**ò**u（右）
14. sh**í**zh**ǐ**（食指）
15. y**ì**bi**ā**n（一边）
16. zh**ō**ngzh**ǐ**（中指）
17. d**ò**ngzu**ò**（动作）
18. x**ì**ngy**ù**n（幸运）
19. w**à**im**à**i（外卖）
20. b**ā**ngzh**ù**（帮助）
21. k**ā**ix**ī**n（开心）
22. xi**à**o（笑）

二、把听到的词语写在相应的图片下面，并大声读出来

10-3

外卖　　水饺　　右拐　　阳光灿烂

答案：1. <u>阳光灿烂</u>　　2. <u>外卖</u>　　3. <u>右拐</u>　　4. <u>水饺</u>

55

三、把听到的词语填到表中相应的位置，并大声朗读

白云　　热情　　灿烂　　辣　　甜

答案：

去一个地方旅行	天气	蓝天白云
		阳光灿烂
	当地人的态度（tàidu, attitude）	热情
	食物的味道	酸、甜、苦、辣、咸

听说短语

一、听录音，把下面的短语补充完整，并大声朗读

1. <u>订</u>外卖　　　　　　2. 阳光<u>灿烂</u>

3. <u>来到</u>一家饭馆儿　　4. 墙上<u>贴着</u>相片

5. 记不<u>清楚</u>　　　　　6. 听<u>懂</u>我的话

7. 走<u>过来</u>　　　　　　8. <u>往右拐</u>

二、跟着录音大声朗读下面的短语

1. 有点儿堵车　　在网上订外卖　　送到家　　蓝天白云　　阳光灿烂

2. 笑得多开心　　做吃饭的动作　　交新朋友　　找不到宾馆　　走来走去

三、听录音，把下面的句子补充完整，并大声朗读

1. 我在网上订了<u>一份外卖</u>。

2. 我不累，就是<u>有点儿饿</u>。

3. <u>墙上贴着</u>很多相片。

4. 旅行的时候，我喜欢<u>交新朋友</u>。

5. 我一个人<u>走来走去</u>，走了半个多小时。

6. 一个女孩儿<u>走过来</u>，问我是不是需要帮助。

7. 我<u>一边</u>说，<u>一边</u>做吃饭的动作，她一看就明白了。

8. 大卫右手的食指和中指摆<u>了个</u> V 字。

听说句子

一、听句子，选择正确的回答，把答案填在括号里

1.（ A ）累了吧，快坐下，休息会儿。

2.（ B ）订这家外卖怎么样？

3.（ B ）四川怎么样？

4.（ A ）你在那儿玩儿得怎么样？

5.（ C ）怎样才能让他听懂？

二、把听到的句子的序号填到相应的图片下面，并大声朗读

1. 你看相片里那个可爱的女孩儿，笑得多开心。

2. 上课的时候，老师一边讲课，一边做动作。

3. 真漂亮！蓝天白云，阳光灿烂。

4. 外卖很快就可以送到家。

答案：（1）<u>4</u>　　（2）<u>1</u>　　（3）<u>2</u>　　（4）<u>3</u>

三、跟着录音大声朗读下面的句子

1. 不好意思，今天路上有点儿堵车。

2. 那是我新交的朋友。

3. 一直走一百米，然后往右拐。

4. 我找不到宾馆了，是她帮的我。

5. 墙上的相片是我旅行的时候照的。

6. 我玩儿得特别开心，有很多有意思的事儿。

7. 我们在网上订外卖吧。

8. 那儿蓝天白云，阳光灿烂，还有很多好吃的东西。

四、回答录音中的问题

1. 你怎么这么晚才来?
2. 都一点了,你饿了吗?
3. 你的墙上贴着什么?
4. 你为什么喜欢那个地方?
5. 你的旅行怎么样?
6. 相片里这个女孩儿是谁?
7. 你们是怎么认识的?
8. 这儿附近的宾馆怎么走?

听说一段话

听录音,做练习

[第一段录音] 去大卫家玩儿

安娜:大卫,真不好意思,来晚了,路上有点儿堵车。

大卫:没关系,没关系。安娜,快坐下,休息会儿。

安娜:我不累,就是有点儿饿。

大卫:那我们在网上订外卖吧,外卖很快就可以送到家。

安娜:好哇!我们订四川菜,怎么样?

大卫:好,我知道有一家不错的四川饭馆儿,他们可以送外卖。

安娜:好,就订你说的这家吧!

1. 听录音,选择正确答案

   (1) 安娜为什么来晚了?(A)
   (2) 大卫让安娜做什么?(C)
   (3) 大卫和安娜在哪儿吃饭?(A)

2. 再听一遍录音,根据提示问题与词语复述这段对话

第10课　你的旅行怎么样

[第二段录音] 旅行的相片

安娜：你的墙上贴着很多相片啊。这么多相片，你最喜欢哪张？

大卫：我最喜欢这张，这是在四川照的。

安娜：哇！真漂亮！蓝天白云，阳光灿烂。

大卫：是啊。看我笑得多开心，右手的食指和中指还摆了个V字。我觉得四川人很热情，四川好吃的东西又多，所以我很喜欢那儿。

安娜：你是什么时候去四川的？

大卫：记不清楚了，可能是2018年吧。

1. 听录音，选择正确答案

　（1）大卫家的墙上贴着什么？（A）

　（2）大卫最喜欢的相片是哪张？（B）

　（3）大卫为什么喜欢四川？（B）

2. 再听一遍录音，根据提示问题与词语复述这段对话

[第三段录音] 旅行中一件有意思的事儿

安娜：在四川，你玩儿得怎么样？

大卫：我玩儿得特别开心，有很多有意思的事儿。

安娜：快给我讲讲。

大卫：有一天，我非常饿，想吃水饺。我来到一家饭馆儿，跟服务员说："你好！我要水饺。"服务员告诉我说："先生，这里不能睡觉。"

安娜：啊？怎么回事儿？

大卫：刚开始，我也感到很奇怪，我又说了一遍："我不要睡觉，我要水饺。"

安娜：这次服务员听懂了吗？

大卫：听懂了。我一边说，一边做吃饭的动作，他一看就明白了。

安娜：哈哈！我也要练习练习。"水饺""睡觉""睡觉""水饺"。

1. 听录音，选择正确答案

　（1）大卫想吃什么？（D）

　（2）服务员认为大卫想做什么？（B）

　（3）服务员为什么听懂了？（C）

2. 再听一遍录音，根据提示问题与词语复述这段对话

[第四段录音] 旅行中一件幸运的事儿

安娜：你在旅行中交新朋友了吗？

大卫：交了啊，是一个四川的女孩儿。

安娜：你们是怎么认识的？

大卫：有一天晚上，我找不到宾馆了，在路上走来走去。这个时候，我看见一个人走过来。

安娜：那她帮助你了吗？

大卫：当然！她告诉我往前走一百米，然后往右拐，就到宾馆了。

安娜：你真幸运！

1. 听录音，选择正确答案

（1）大卫和那个女孩儿是怎么认识的？（A）

（2）大卫为什么在路上走来走去？（C）

（3）大卫应该怎么走才能到宾馆？（C）

2. 再听一遍录音，根据提示问题与词语复述这段对话

综合练习

一、根据提示词语，复述听到的短文

安娜到大卫家做客，看到墙上贴着很多相片。大卫告诉安娜，他最喜欢那张在四川旅行的时候照的相片。相片上蓝天白云，阳光灿烂，大卫笑得很开心。大卫很喜欢四川，因为那儿的人很热情，好吃的东西又多。大卫记不清楚是什么时候去的四川了，可能是2018年。他在那儿玩儿得很开心，有很多有意思的事儿。大卫给安娜讲了一个"水饺"和"睡觉"的故事。大卫说他想吃"水饺"，可是服务员听成了他想"睡觉"。大卫在旅行的时候还认识了一个新朋友，是一个四川女孩儿。有一次，大卫找不到宾馆了，是那个女孩儿帮助了他，告诉他怎么走。他们就是这样认识的。

第 11 课　做一个家常菜

听说词语

一、听录音，把下面词语的拼音写完整，标好声调，并大声朗读

11-2

1. jiāo（教）　　　　　　　2. qiē（切）
3. sī（丝）　　　　　　　　4. yán（盐）
5. suàn（蒜）　　　　　　　6. xǐ（洗）
7. piàn（片）　　　　　　　8. guō（锅）
9. huǒ（火）　　　　　　　10. yóu（油）
11. dào（倒）　　　　　　　12. shóu（熟）
13. cù（醋）　　　　　　　 14. suān（酸）
15. zuìhòu（最后）　　　　 16. jiā（加）
17. rè（热）　　　　　　　 18. tǔdòu（土豆）
19. làjiāo（辣椒）　　　　 20. chāoshì（超市）
21. xīnxiān（新鲜）　　　　22. pí（皮）
23. qù diào（去掉）　　　　24. yuánliào（原料）
25. bǎ（把）　　　　　　　 26. cháng（尝）
27. diǎn zháo（点着）　　　28. jiāchángcài（家常菜）
29. kěkǒu（可口）

二、把听到的词语写在相应的图片下面，并大声朗读

11-3

蒜　　土豆丝　　辣椒　　土豆片

答案：1. 土豆片　　2. 土豆丝　　3. 蒜　　4. 辣椒

61

听力文本及参考答案

三、把听到的词语填到表中相应的位置，并大声朗读

11-4　　土豆　切　油　盐　辣椒　炒　醋　糖　蒜

答案：

> 原料：<u>土豆、辣椒</u>
>
> 调料（tiáoliào, seasonings）：<u>油、盐、醋、糖、蒜</u>
>
> 做法：<u>切、炒</u>

听说短语

一、听录音，把下面的短语补充完整，并大声朗读

11-5
1. 做<u>家常菜</u>
2. 把土豆<u>洗干净</u>
3. 把火<u>点着</u>
4. 把土豆<u>切成丝</u>
5. 把蒜切<u>成片儿</u>
6. 做<u>起来难</u>
7. 忘了<u>放醋</u>
8. 把锅放在火<u>上</u>
9. <u>再炒一会儿</u>
10. <u>倒一点儿油</u>

二、跟着录音大声朗读下面的短语

11-6
1. 做家常菜　　听起来　　又新鲜又便宜
   往锅里倒油　　加点儿盐
2. 把土豆洗干净　　把土豆的皮去掉　　把土豆切成丝

三、听录音，把下面的句子补充完整，并大声朗读

11-7
1. 别<u>忘了放醋</u>。
2. 做菜听起来容易，<u>做起来难</u>。
3. 等锅热了，就<u>往锅里倒油</u>。
4. 快炒好的时候，再<u>放一点儿盐</u>。
5. 今天老师教我做了一个<u>家常菜</u>。
6. 这些土豆真不错，<u>又新鲜又便宜</u>。
7. 这道菜<u>看起来</u>不错，<u>吃起来</u>也不错。
8. <u>先</u>把土豆洗干净，<u>再</u>把土豆的皮去掉，<u>最后</u>把土豆切成丝。

第 11 课　做一个家常菜

听说句子

一、听句子，选择正确的回答，把答案填在括号里

11-8
1.（C）你觉得做饭难不难？
2.（B）做这个菜需要什么？
3.（C）这些土豆怎么样？
4.（C）这些土豆怎么切？
5.（A）炒菜时应该什么时候放油？

二、把听到的句子的序号填到相应的图片下面，并大声朗读

11-9
1. 你应该先把土豆的皮去掉。
2. 这道菜里放了很多辣椒，太辣了。
3. 等锅热了，你再往锅里倒油。
4. 我把火点着了。

答案：（1）2　　　（2）3　　　（3）1　　　（4）4

三、跟着录音大声朗读下面的句子

11-10
1. 今天玛丽教我做了一个家常菜。
2. 洗几个土豆？
3. 我们现在把火点着。
4. 先炒一下儿蒜。
5. 你先放土豆丝，再放辣椒丝。
6. 你应该再加一点儿盐。
7. 等快炒好的时候，放醋就可以。
8. 这道菜炒一会儿就熟了。
9. 说起来容易，做起来难啊。
10. 这道菜看起来不错，吃起来很可口。

四、回答录音中的问题

11-11
1. 今天你学会了炒什么菜？
2. 你知道怎么炒土豆丝吗？

63

3. 你帮我把土豆洗干净，好吗？

4. 原料都准备好了，我们现在做什么？

5. 先炒什么？

6. 先放土豆丝还是辣椒丝？

7. 放多少盐？

8. 你快尝尝，看看怎么样？

9. 炒土豆丝什么时候放醋？

10. 你觉得做个家常菜不难吧？

听说一段话

听录音，做练习

[第一段录音] 要做家常菜

玛丽：大卫，今天老师教我做了一个家常菜——炒土豆丝。咱们一起做一下儿吧！

大卫：听起来不难，就是把土豆切成丝，然后炒一下儿就可以了！

玛丽：难不难，一做就知道了。

大卫：玛丽，做这个菜需要什么？

玛丽：土豆、辣椒、油、盐、醋和蒜。糟糕！家里没有土豆了。

大卫：那快去超市买些吧。

1. 听录音，选择正确答案

   （1）玛丽和大卫要做什么菜？（C）

   （2）玛丽要去超市买什么？（D）

2. 再听一遍录音，根据提示问题与词语复述这段对话

[第二段录音] 准备原料

玛丽：大卫，你看，我买的土豆多好啊！

大卫：是啊，真不错，又新鲜又不贵。

第11课 做一个家常菜

玛丽：我们开始做吧！你帮我把土豆洗干净好吗？

大卫：洗几个土豆？

玛丽：两个就够了，然后把土豆皮去掉，切成丝。

大卫：这个容易。辣椒呢？

玛丽：辣椒也切成丝。我来做这个。

大卫：蒜也切成丝吗？

玛丽：不用，切成片儿就可以了。

1. 听录音，选择正确答案

（1）玛丽买的土豆怎么样？（D）

（2）他们打算洗几个土豆？（B）

（3）玛丽认为应该把什么切成片儿？（A）

2. 再听一遍录音，根据提示问题与词语复述这段对话

[第三段录音] 做菜

大卫：原料都准备好了，现在我们可以炒了。

玛丽：好。我们先把火点着，再把锅放在火上。

大卫：什么时候放油？

玛丽：等锅热了，往锅里倒点儿油。

大卫：现在锅热了。放土豆吗？

玛丽：不，先炒一下儿蒜。

大卫：蒜炒熟了。现在放土豆丝还是辣椒丝？

玛丽：土豆丝。因为土豆不太容易熟。

大卫：土豆炒了一会儿了，现在可以放辣椒丝了吧？

玛丽：是的。放辣椒丝吧。

大卫：马上就炒好了吧？

玛丽：加点儿盐，再炒一会儿就好了。

1. 听录音，选择正确答案

（1）炒土豆丝时玛丽先做了什么？（D）

（2）炒土豆丝时应该什么时候放盐？（B）

2. 再听一遍录音，根据提示问题与词语复述这段对话

[第四段录音] 尝尝菜

玛丽：土豆丝炒好了。快尝尝，看看怎么样？
大卫：看起来真不错，吃起来也很可口。
玛丽：哎呀！忘了放醋了。
大卫：什么时候放醋啊？
玛丽：最后放就可以了。加点儿醋，这个菜会又酸又辣，吃起来更好吃。下次你自己做的时候可以试试！
大卫：说起来容易，做起来难啊。我觉得最难的问题是"一点儿"是多少。

1. 听录音，选择正确答案

（1）大卫觉得玛丽做的菜怎么样？（A）
（2）炒土豆丝什么时候放醋？（B）

2. 再听一遍录音，根据提示问题与词语复述这段对话

综合练习

一、根据提示词语，复述听到的短文

玛丽教大卫做了一个家常菜——炒土豆丝。做这个菜需要土豆、辣椒、油、盐、醋和蒜。具体的做法是：先洗两个土豆，把土豆的皮去掉，然后把土豆切成丝，辣椒也切成丝，把蒜切成片儿。原料准备好以后，把火点着，再把锅放在火上。等锅热了，往锅里倒点儿油。先炒一下儿蒜，蒜炒熟了，再放土豆丝，因为土豆不太容易熟。过一会儿放辣椒丝，快炒好的时候，放点儿盐，最后再加一点儿醋。玛丽做的土豆丝看起来不错，吃起来也很可口。但是她忘了放醋，如果再放点儿醋，那么这个菜就会又酸又辣，吃起来就更好吃了。玛丽让大卫下次自己也试试做这个家常菜，但是大卫觉得做菜说起来容易，做起来难。

二、按照做菜的顺序，给下面的句子排序，并按照排好的顺序大声朗读

（2）把土豆的皮去掉
（4）再把辣椒切成丝
（9）先炒一下儿蒜
（6）把火点着
（12）再加一点儿盐
（3）把土豆切成丝
（7）把锅放在火上
（1）把土豆洗干净
（11）把辣椒丝放进锅里再炒一会儿
（5）把蒜切成片儿
（8）往锅里倒一点儿油
（10）然后把土豆丝倒进锅里，炒一会儿
（13）最后放一点儿醋

把土豆洗干净，把土豆的皮去掉，把土豆切成丝，再把辣椒切成丝，把蒜切成片儿。把火点着，把锅放在火上，往锅里倒一点儿油。先炒一下儿蒜，然后把土豆丝倒进锅里，炒一会儿，把辣椒丝放进锅里再炒一会儿，再加一点儿盐，最后放一点儿醋。

第 12 课　搬进学校的宿舍

听说词语

12-2

一、听录音，把下面词语的拼音写完整，标好声调，并大声朗读

1. zhòng（重）　　　　　　2. hú（湖）
3. bān jiā（搬家）　　　　　4. shōushi（收拾）
5. fángjiān（房间）　　　　　6. hàomǎ（号码）
7. cōngming（聪明）　　　　8. xiāngzi（箱子）
9. jiājù（家具）　　　　　　10. tiáojiàn（条件）
11. fēngjǐng（风景）　　　　12. sàn bù（散步）
13. xībian（西边）　　　　　14. nánbian（南边）
15. dānxīn（担心）　　　　　16. gōngsī（公司）
17. zhǐ（纸）　　　　　　　 18. yí（咦）
19. àn（按）　　　　　　　　20. běibian（北边）
21. dōngbian（东边）　　　　22. ānjìng（安静）
23. dōngmén（东门）　　　　24. gōngyuán（公园）
25. shù（树）　　　　　　　 26. zhuōzi（桌子）

12-3

二、把听到的词语写在相应的图片下面，并大声朗读

湖　　收拾　　散步　　搬家

答案：1. 搬家　　2. 湖　　3. 收拾　　4. 散步

68

第12课　搬进学校的宿舍

听说短语

一、听录音，把下面的短语补充完整，并大声朗读

1. <u>按</u>号码放东西
2. 搬<u>到</u>学校里
3. 把东西放在箱子<u>里</u>
4. <u>过去</u>帮你
5. 把它们搬<u>走</u>
6. <u>离</u>宿舍不远
7. <u>请</u>搬家公司
8. <u>对</u>这里很满意
9. 看<u>起来</u>不大
10. 搬不<u>了</u>

二、跟着录音大声朗读下面的短语

1. 收拾东西　　搬到宿舍楼里　　马上就过去　　按号码放
2. 请搬家公司　　这么重　　离东门不远　　把箱子搬走

三、听录音，把下面的句子补充完整，并大声朗读

1. 好，我<u>马上就过去</u>。
2. 请<u>把</u>这些东西<u>搬走</u>。
3. 你可以来帮我<u>收拾东西</u>吗？
4. 别担心，我请了<u>搬家公司</u>。
5. 我<u>按</u>箱子上的<u>号码</u>放东西。
6. 这儿附近有个超市，<u>离东门</u><u>不</u>远。
7. 你要<u>搬</u>到哪个<u>宿舍楼</u>？
8. 这个箱子看起来不大，怎么<u>这么重</u>？
9. 我在湖边<u>一边</u>散步<u>一边</u>练习中文。
10. 这样<u>不但</u>可以知道<u>一共</u>有多少个箱子，<u>而且</u>还能知道每个箱子里有什么。

听说句子

一、听句子，选择正确的回答，把答案填在括号里

1. （C）需要我帮你做什么吗？
2. （B）你要搬到哪儿？

3.（C）我可以做些什么？

4.（B）这么多东西，我们怎么搬啊？

5.（C）那儿的条件怎么样？

二、把听到的句子的序号填到相应的图片下面，并大声朗读

1. 外面的风景很漂亮，附近还有一个很大的湖。

2. 衣服太多了，一个箱子放不下。

3. 这个家具太重了，两个人搬不了。

4. 这个房间条件真不错，又大又干净。

答案：（1） 4   （2） 3   （3） 1   （4） 2

三、跟着录音大声朗读下面的句子

1. 他们马上就过来。

2. 别担心，我请了搬家公司。

3. 我要搬到学校的留学生宿舍楼。

4. 你把这些东西放在这个箱子里。

5. 如果你能帮我收拾一下儿东西，那就太好了。

6. 如果这个箱子放不下，也可以放在那个箱子里。

7. 外面的风景很美，南边有一个湖。

8. 按号码放可以知道一共有多少个箱子。

四、回答录音中的问题

1. 听说你要搬家，需要我帮你做什么吗？

2. 你要搬到哪儿？

3. 这些东西怎么收拾？

4. 箱子上为什么有号码？

5. 这些书可以放在这个箱子里吗？

6. 这么多东西，我们搬不了，怎么办？

7. 搬家公司什么时候来？

8. 外面的风景怎么样？

第12课 搬进学校的宿舍

听说一段话

听录音,做练习

[第一段录音] 大卫要搬家

(电话铃声)

安娜:喂!大卫,听说今天下午你要搬家,需要我帮你做什么吗?

大卫:安娜,如果你能来帮我收拾东西,那就太好了!

安娜:没问题。你要搬到哪个宿舍楼?

大卫:4号楼603。

安娜:太好了!603离我的房间很近,我的房间是613。我马上就过去帮你啊。

1. 听录音,选择正确答案

(1)大卫今天下午要做什么?(B)

(2)安娜住在哪个房间?(C)

(3)安娜要做什么?(A)

2. 再听一遍录音,根据提示问题与词语复述这段对话

[第二段录音] 收拾东西

(敲门声)

大卫:安娜,你来了!

安娜:我可以做些什么?

大卫:帮我把东西放在纸箱子里吧。

安娜:好啊。咦?大卫,这些箱子上为什么有号码?

大卫:我按箱子上的号码放东西,这样不但可以知道一共有多少个箱子,而且也可以知道每个箱子里有什么。

安娜:真聪明!

大卫:你可以帮我把桌子上的书放在1号箱子里吗?

安娜:当然可以。哇!这些书真重。

大卫:如果一个箱子放不下,可以放在2号纸箱子里。

1. 听录音，选择正确答案

   （1）大卫让安娜做什么？（C）

   （2）大卫认为桌子上的书应该怎么放？（D）

2. 再听一遍录音，根据提示问题与词语复述这段对话

[第三段录音] 找搬家公司

安娜：这么多东西，我们两个人搬不了啊。

大卫：别担心，我请了搬家公司，他们马上就来。

（敲门声）

工人：你好，请问是大卫先生吗？我是搬家公司的。

大卫：你好，快请进。把这些东西搬走吧，一共六个箱子和一些家具。

工人：好！哎呀，这个箱子看起来不大，怎么这么重？

大卫：这里面都是书。

1. 听录音，选择正确答案

   （1）大卫请谁来搬家？（B）

   （2）大卫要搬什么东西？（C）

   （3）箱子看起来不大，为什么那么重？（B）

2. 再听一遍录音，根据提示问题与词语复述这段对话

[第四段录音] 宿舍的条件

大卫：安娜，这个房间条件真不错，又大又干净，还有卫生间。

安娜：对啊，外面的风景也很漂亮。大卫，你看，南边有一个很大的湖，北边有很多树。

大卫：太好了，我可以在湖边儿一边散步一边练习中文。

安娜：要是散步的话，也可以去离学校东门不远的小公园，那儿也很安静。

大卫：那就太好了！对了，这附近有超市吗？

安娜：有啊，西边和东边都有一个超市。

大卫：我对这里太满意了！

第 12 课 搬进学校的宿舍

1. **听录音，选择正确答案**
   （1）大卫的房间怎么样？（ A ）
   （2）宿舍的周围没有什么？（ D ）

2. **再听一遍录音，根据提示问题与词语复述这段对话**

综合练习

12-15

一、根据提示词语，复述听到的短文

　　大卫今天下午要搬到学校的 4 号宿舍楼。安娜打电话问大卫需不需要帮忙。大卫请安娜来帮他收拾东西。安娜帮大卫收拾东西的时候发现，大卫在箱子上写上了号码。大卫告诉他，这样不但可以知道一共有多少个箱子，而且还可以知道每个箱子里有什么。大卫要搬走六个箱子和一些家具，因为两个人搬不了这么多东西，所以大卫请了搬家公司。

　　大卫对他的新房间很满意。房间的条件非常好，又大又干净，还有卫生间。外面的风景也很漂亮。房子的南边有一个很大的湖，北边有很多树，西边和东边都有一个超市。离学校东门不远的地方有一个小公园，大卫可以去那儿一边散步一边练习中文。

第 13 课 我叫"不紧张"

听说词语

一、听录音,把下面词语的拼音写完整,标好声调,并大声朗读

13-2

1. biàn（遍）
2. chéngjì（成绩）
3. dé（得）
4. nánguò（难过）
5. jǐnzhāng（紧张）
6. qíshí（其实）
7. jì zhù（记住）
8. hàipà（害怕）
9. yěxǔ（也许）
10. rènzhēn（认真）
11. dá'àn（答案）
12. zhōngyú（终于）
13. bùguǎn（不管）
14. bì shang（闭上）
15. hūxī（呼吸）
16. dào（道）
17. sān fēnzhī yī（三分之一）
18. yuè（越）
19. nǔlì（努力）
20. lián（连）
21. jìde（记得）
22. kǎo shì（考试）
23. yù dào（遇到）
24. xīwàng（希望）
25. shēn（深）

二、把听到的词语写在相应的图片下面,并大声朗读

13-3

几道题　　闭上眼睛　　紧张　　呼吸

答案：1. 紧张　　2. 呼吸　　3. 几道题　　4. 闭上眼睛

第 13 课 我叫"不紧张"

三、根据听到的内容把下图补充完整

13-4　　紧张—听不懂—想不出来—越紧张—成绩越不好—越害怕

答案：

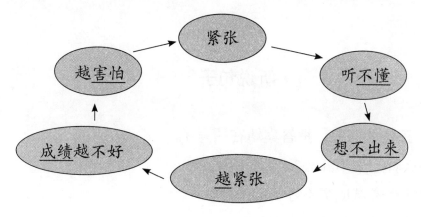

听说短语

一、听录音，把下面的短语补充完整，并大声朗读

13-5

1. 看起来
2. 想不出来
3. 只得了80分
4. 说不出来
5. 记住了你
6. 连"你好"都说不出来
7. 越不知道怎么说越紧张
8. 不管有什么问题都不紧张
9. 一遍一遍告诉自己

二、跟着录音大声朗读下面的短语

13-6

1. 成绩不好　　三分之一　　连"你好"都忘了　　努力学习
2. 别难过　　　一遍一遍　　丢不了很多分　　　容易紧张

三、听录音，把下面的句子补充完整，并大声朗读

13-7

1. 听力我听懂了三分之一。
2. 我紧张得连"你好"都忘了怎么说。
3. 别难过，下次好好儿准备考试。
4. 写错一道题，丢不了很多分。
5. 这次考试我的成绩不好，我要努力学习。
6. 你越难过，越记不住学习过的东西。

75

7. <u>别担心</u>，这只是一次小考试，成绩不太重要。

8. 紧张的时候，<u>我一遍一遍</u>告诉自己："我叫不紧张。"

听说句子

一、听句子，选择正确的回答，把答案填在括号里

1.（B）你怎么看起来不开心？

2.（A）你为什么考试成绩不好？

3.（A）考试的时候你为什么会紧张？

4.（A）紧张的时候，你会怎么做？

二、听句子，连线

1. 听力我只听懂了三分之一，很多汉字也忘了怎么写。

2. 我第一次上中文课的时候，紧张得连"你好"都忘了怎么说。

3. 别害怕，认真想一想，可能你就能想出答案来。

4. 我希望和你一样，不管遇到什么问题，都不紧张。

5. 越想不起来，越紧张，越紧张，越想不起来。

三、跟着录音大声朗读下面的句子

1. 我越想考好，越紧张。

2. 我的考试成绩不好，我很难过。

3. 为了准备考试，我每天都努力学习。

4. 我只听懂了三分之一，还有很多汉字忘了怎么写。

5. 我是一个爱紧张的人。

6. 我一遍一遍告诉自己，我叫"不紧张"。

四、回答录音中的问题

1. 你为什么这么累？

2. 为什么这次成绩不好？

3. 你怎么看起来不开心？

4. 紧张的时候，你是怎么做的？

5. 为什么考试的时候会紧张？

6. 你是一个容易紧张的人吗？

听说一段话

听录音，做练习

[第一段录音] 安娜的考试成绩

张红：安娜，你看起来不太开心。怎么了？

安娜：我最近很累。

张红：因为每天努力学习？

安娜：我每天都很努力，可是我的成绩不太好，我上次考试只得了80.5分。

张红：啊？别难过。怎么会这样呢？

安娜：可能是因为考试的时候我太紧张了吧。听力我只听懂了三分之一，很多汉字也想不起来怎么写。

1. **听录音，选择正确答案**

   （1）安娜为什么看起来不开心？（B）

   （2）安娜考试得了多少分？（B）

   （3）安娜听力听懂了多少？（A）

2. **再听一遍录音，根据提示问题与词语复述这段对话**

[第二段录音] 容易紧张

张红：安娜，一次考不好没关系。

安娜：张红，我特别容易紧张，一直都是这样。

张红：我还记得你第一次上中文课，紧张得连"你好"都说不出来。

安娜：你还记得呢？真是太不好意思了。

张红：其实没关系。因为这件事，才让我记住了你。

安娜：我越紧张，越不知道该怎么说。

张红：你越不知道该怎么说，就越紧张。

安娜：就是这样。

1. 听录音，选择正确答案

    （1）什么事情让张红记住了安娜？（D）

    （2）安娜紧张的时候会怎么样？（A）

2. 再听一遍录音，根据提示问题与词语复述这段对话

[第三段录音] 紧张的原因

张红：安娜，考试以前，你准备得那么好，为什么考试的时候还会紧张呢？

安娜：因为我很害怕遇到我不会的问题。

张红：别那么担心！认真想一想，也许你就知道答案了。

安娜：哎！那时候，我什么都想不出来了。

张红：如果想不出来也没关系啊。写错一道题，也丢不了太多分。

安娜：那可不行，每道题我都不想错。

张红：哦，我终于明白你为什么会这么紧张了，因为你太想全都做对了。

1. 听录音，选择正确答案

    （1）考试前安娜准备了吗？（B）

    （2）考试的时候，安娜为什么会紧张？（D）

2. 再听一遍录音，根据提示问题与词语复述这段对话

[第四段录音] 我叫"不紧张"

安娜：张红，我希望和你一样，不管遇到什么事情，都不紧张。

张红：其实有的时候我也会紧张。

安娜：我怎么一点儿也看不出来？你是怎么做到的啊？

张红：紧张的时候，我会深呼吸。

安娜：像这样吗？（呼吸声）嗯，好像会有用。

张红：对。然后闭上眼睛，什么都不要想。

安娜：什么都不想？不想想准备好的东西吗？

张红：不，你越想就会越紧张。哦，最重要的是，一遍一遍告诉自己，我叫"不紧张"。

1. 听录音，选择正确答案

   （1）安娜为什么希望自己像张红一样？（D）

   （2）哪个方法不是张红让自己不紧张的方法？（C）

2. 再听一遍录音，根据提示问题与词语复述这段对话

综合练习

一、根据提示词语，复述听到的短文

13-16

安娜看起来不太开心，因为她这次考试的成绩不太好，只得了80.5分。考试的时候，听力她只听懂了三分之一，很多汉字也想不起来怎么写。考试以前，安娜准备得很好，可是每次考试的时候，安娜还是会紧张得什么都想不出来。张红发现，安娜太想得到好成绩了，所以才会这样。张红告诉安娜，自己紧张的时候，会深呼吸，然后闭上眼睛，什么都不想。最重要的是，一遍一遍告诉自己："我叫'不紧张'。"

第14课 实现理想

听说词语

一、听录音，把下面词语的拼音写完整，标好声调，并大声朗读

14-2

1. dāng（当）
2. lǐxiǎng（理想）
3. gēshǒu（歌手）
4. zhuānmén（专门）
5. chàng gē（唱歌）
6. jiānchí（坚持）
7. chéngwéi（成为）
8. fǔdǎo（辅导）
9. jīhuì（机会）
10. xiāngguān（相关）
11. xiāoxi（消息）
12. zhùhè（祝贺）
13. shībài（失败）
14. xìnxī（信息）
15. shíxiàn（实现）
16. yòu'éryuán（幼儿园）
17. qǐfā（启发）
18. qīngsōng（轻松）
19. yǔyán（语言）
20. gōutōng（沟通）
21. gèngjiā（更加）
22. míng（名）
23. zhù（祝）
24. chénggōng（成功）
25. zhǐyào（只要）
26. xiǎoshíhou（小时候）
27. yǐwéi（以为）

二、把听到的词语写在相应的图片下面，并大声朗读

14-3

歌手　　沟通　　祝贺　　幼儿园

答案：1. 幼儿园　　2. 歌手　　3. 沟通　　4. 祝贺

第14课 实现理想

听说短语

一、听录音，把下面的短语补充完整，并大声朗读

1. 当歌手　　　　　　　2. 没听过
3. 学过唱歌　　　　　　4. 祝你成功
5. 找到机会　　　　　　6. 坚持下来
7. 只要坚持就能成功　　8. 上网查查
9. 成为老师

二、跟着录音大声朗读下面的短语

1. 坚持下来　　当老师　　相关的信息　　专门学过　　祝你成功
2. 好消息　　　祝贺你　　失败四五次　　只要……就……　　更加努力

三、听录音，把下面的句子补充完整，并大声朗读

1. 我专门学过唱歌。
2. 你可以上网查查相关的信息。
3. 我没当过辅导老师。
4. 告诉你一个好消息。
5. 只要坚持努力，就可以成功。
6. 真不容易啊，你终于成功了，祝贺你！
7. 我失败了四五次，但是最后我坚持下来了。

听说句子

一、听句子，选择正确的回答，把答案填在括号里

1. （B）你的理想是什么？
2. （A）你为什么没坚持下来？
3. （B）这个工作怎么样？
4. （B）最近工作顺利吗？

二、听句子，连线

14-8

1. 学习唱歌太麻烦了，我没坚持下来。
2. 我没在学校里当过老师，但是我当过辅导老师。
3. 我失败了很多次，但是最后我找到了工作。
4. 只要坚持努力，就有可能成功。
5. 为了和小孩子沟通，我必须好好儿学习中文。

三、跟着录音大声朗读下面的句子

14-9

1. 太好了，祝贺你！
2. 你可以上网查查相关的信息。
3. 只要坚持努力，就可以成功。
4. 为了能和小孩子沟通，你应该多花时间学习中文。
5. 小时候，我想当一个歌手，现在我想成为一名老师。
6. 学习唱歌太麻烦了，我坚持不下来。
7. 最大的问题是，有时候他们听不懂我的话。

四、回答录音中的问题

14-10

1. 你的理想是什么？
2. 你现在还想当歌手吗？
3. 怎么才能找到工作？
4. 告诉你一个好消息，我找到工作了！
5. 每个人都可以成功吗？
6. 你工作上最大的问题是什么？
7. 为了能顺利地工作，我应该怎么做？

听说一段话

听录音，做练习

[第一段录音] 玛丽的理想

14-11

大卫：玛丽，你的理想是什么？

第14课　实现理想

玛丽：小时候，我的理想是当一个歌手。

大卫：可我从来没听过你唱歌。

玛丽：我还专门学过呢，但是后来觉得学习唱歌太麻烦了，就没坚持下来。

大卫：你现在还想当歌手吗？

玛丽：不，现在我的理想是成为一名老师。

1. 听录音，选择正确答案

   玛丽小时候的理想是什么？（A）

2. 再听一遍录音，根据提示问题与词语复述这段对话

[第二段录音] 玛丽当老师

大卫：玛丽，你在你们国家当过老师吗？

玛丽：没有在学校里当过老师，但是当过中学生的辅导老师。

大卫：我发现很多中国小孩子想学英语，我可以教他们英语。

玛丽：我也想找到这样的机会。

大卫：你可以在网上查查相关的信息，机会应该有很多。

玛丽：好主意！谢谢你！

大卫：祝你成功！

1. 听录音，选择正确答案

   玛丽以前做过什么？（D）

2. 再听一遍录音，根据提示问题与词语复述这段对话

[第三段录音] 玛丽实现理想

玛丽：大卫，告诉你一个好消息。我找到工作了。

大卫：太好了，祝贺你！

玛丽：我失败了四五次，最后在一家幼儿园找到了教英语的工作。

大卫：真不容易啊！这个工作怎么样？

玛丽：我很喜欢我的工作。因为我每天都可以和可爱的小孩子在一起。

大卫：你的成功启发了我，我觉得我也可以在中国找到工作。

玛丽：你一定可以。只要坚持努力，就可以成功。

1. **听录音，选择正确答案**

   （1）玛丽告诉大卫什么消息？（A）

   （2）玛丽为什么喜欢她的工作？（A）

2. **再听一遍录音，根据提示问题与词语复述这段对话**

[第四段录音] 玛丽的困难

大卫：玛丽，最近工作顺利吗？

玛丽：哎！我以为这个工作很轻松，但其实不太顺利。

大卫：工作上有什么问题吗？

玛丽：语言是最大的问题。有的时候，小孩子听不懂我的话。

大卫：别着急，小孩子学习一门新的语言需要一些时间。

玛丽：是啊，所以为了和小孩子沟通，我现在必须更加努力学习中文。

1. **听录音，选择正确答案**

   玛丽的工作怎么样？（B）

2. **再听一遍录音，根据提示问题与词语复述这段对话**

综合练习

一、**根据提示词语，复述听到的短文**

玛丽小时候的理想是当一个歌手，但是因为她觉得学习唱歌太麻烦了，所以没坚持下来。现在她的理想是成为教中国小孩子英语的老师。大卫告诉玛丽，可以上网查查相关的信息。几天后，玛丽找到了工作。她告诉大卫，找工作的时候，失败了四五次，但是她坚持下来了，最后实现了理想。玛丽成功地找到了工作，但是玛丽为了和小孩子更好地沟通，她要更加努力地学习中文。

第 15 课 我喜欢的咖啡厅

听说词语

一、听录音，把下面词语的拼音写完整，标好声调，并大声朗读

15-2

1. sǎo（扫）
2. qǔ（取）
3. táng（糖）
4. kāfēitīng（咖啡厅）
5. shì（试）
6. fùxí（复习）
7. túshūguǎn（图书馆）
8. jiàoshì（教室）
9. lì（立）
10. páizi（牌子）
11. wú（无）
12. kuài（块）
13. dēng（灯）
14. shūfu（舒服）
15. shìhé（适合）
16. fàngsōng（放松）
17. xíguàn（习惯）
18. shāfā（沙发）
19. zhǒnglèi（种类）
20. hāi（嗨）
21. jīngcháng（经常）
22. wèidao（味道）
23. rúguǒ（如果）
24. pánzi（盘子）
25. huòzhě（或者）
26. yuè lái yuè（越来越）
27. guò lái（过来）
28. huār（花儿）

二、把听到的词语写在相应的图片下面，并大声朗读

15-3

沙发　　复习　　无人　　扫

答案：1. 扫　　2. 沙发　　3. 无人　　4. 复习

听说短语

一、听录音,把下面的短语补充完整,并大声朗读

15-4
1. 教室<u>或者</u>图书馆　　　2. 听<u>着</u>音乐学习
3. <u>立</u>着一块牌子　　　　4. 又安静<u>又</u>舒服
5. <u>把</u>糖放在盘子<u>里</u>　　6. 走<u>来</u>走<u>去</u>
7. <u>取</u>咖啡　　　　　　　8. 种类<u>多</u>
9. <u>扫</u>一下儿图片　　　　10. 味道<u>好</u>

二、跟着录音大声朗读下面的短语

15-5
1. 学校周围　　　　适合学习　　　　让人放松
   越来越方便　　　看起来　　　　　安静舒服的环境
2. 走来走去　　　　点咖啡　　　　　便宜百分之五
   用手机扫一下儿　 把咖啡拿过来　　加糖

三、听录音,把下面的句子补充完整,并大声朗读

15-6
1. 我喝咖啡,习惯<u>加糖</u>。
2. <u>学校周围</u>有一家咖啡厅。
3. 咖啡厅里的音乐<u>让人很放松</u>。
4. <u>桌子上放着</u>的花儿很漂亮。
5. 你扫一下儿<u>贴在桌子上的图片</u>。
6. 现在的生活<u>越来越</u>方便了。
7. 你可以帮我<u>把咖啡拿过来</u>吗?
8. 这家咖啡厅环境很好,非常<u>适合学习</u>。
9. 这家咖啡厅没有服务员<u>走来走去</u>。
10. 用手机买单,可以<u>便宜百分之五</u>。

第 15 课　我喜欢的咖啡厅

听说句子

一、听句子，选择正确的回答，把答案填在括号里

15-7
1.（C）你经常在哪儿复习？

2.（B）这家咖啡厅怎么样？

3.（C）我们怎么点咖啡？

4.（C）我们怎么取咖啡？

5.（C）现在的生活方便吗？

二、把听到的句子的序号填到相应的图片下面，并大声朗读

15-8
1. 用手机买单便宜。

2. 往咖啡里加点儿糖。

3. 你扫一下儿桌子上的图片就可以点咖啡了。

4. 我习惯听着音乐学习。

答案：（1）<u>1</u>　　　（2）<u>3</u>　　　（3）<u>2</u>　　　（4）<u>4</u>

三、跟着录音大声朗读下面的句子

15-9
1. 我经常在咖啡厅复习。

2. 那儿的音乐非常好听，能让人放松。

3. 那儿的咖啡不但种类多，而且味道好。

4. 这家咖啡厅里有沙发、桌子、灯和花儿。

5. 用手机扫一下儿桌子上贴着的图片，就可以点咖啡了。

6. 如果用手机买单，还可以便宜百分之五。

7. 我喝咖啡的时候，习惯加糖。

8. 请你帮我把糖拿过来。

四、回答录音中的问题

15-10
1. 你经常在哪儿复习？

2. 这家咖啡厅里的音乐怎么样？

3. 这家咖啡厅环境怎么样？

4. 你知道怎么点咖啡吗？

5. 这家咖啡厅的咖啡怎么样？

6. 请问可以用手机买单吗？

7. 你需要加糖吗？

8. 这里的咖啡种类和味道怎么样？

听说一段话

听录音，做练习

[第一段录音] 一起去咖啡厅

大卫：嗨！玛丽，我们一起复习准备考试吧？

玛丽：好主意！大卫，你经常在哪儿复习？

大卫：我很少去教室或者图书馆，我经常在一家咖啡厅里复习。

玛丽：就在学校周围吗？

大卫：是啊，那家咖啡厅门口立着一块大牌子："无人咖啡厅"。

玛丽：哦，我知道在哪儿了。我们一起去吧！

1. 听录音，选择正确答案

   大卫经常去哪儿复习？（D）

2. 再听一遍录音，根据提示问题与词语复述这段对话

[第二段录音] 咖啡厅的环境

玛丽：这家咖啡厅的环境真不错，又安静又舒服。

大卫：对啊，这儿非常适合学习。

玛丽：你听，咖啡厅里的音乐真好听，让人很放松。

大卫：是啊。我习惯听着音乐学习。

玛丽：嗯。你看，这儿的沙发、桌子、灯，还有桌子上放着的花儿，都很不错。

大卫：看起来，你越来越喜欢这儿了。

第15课　我喜欢的咖啡厅

1. **听录音，选择正确答案**

    （1）大卫觉得在这家咖啡厅里适合做什么？（A）

    （2）咖啡厅里的音乐怎么样？（D）

    （3）咖啡厅里没有什么？（B）

2. **再听一遍录音，根据提示问题与词语复述这段对话**

[第三段录音]点咖啡

玛丽：真奇怪，我怎么没看到服务员？

大卫：为了让大家有个安静、舒服的环境，服务员不会在这儿走来走去。

玛丽：那我们怎么点咖啡？

大卫：你看，桌子上贴着一张图片。只要用手机扫一下儿，我们就可以自己点咖啡了。

玛丽：哦！我试试。

大卫：这家咖啡厅的咖啡不但种类多，而且味道好，用手机买单还可以便宜百分之五。

1. **听录音，选择正确答案**

    （1）这家咖啡厅的服务员在哪里？（B）

    （2）用手机买单可以便宜多少？（A）

2. **再听一遍录音，根据提示问题与词语复述这段对话**

[第四段录音]取咖啡

玛丽：大卫，我们怎么取咖啡？

大卫：看见上面的牌子了吗？如果你的咖啡好了，就能在牌子上看见你桌子上的号码。

玛丽：现在的生活真是越来越方便了，出门带手机就可以了。

大卫：是啊。玛丽，你看，那是咱们桌子上的号码吗？

玛丽：嗯嗯，是的是的。

大卫：我去取咖啡吧。

玛丽：好的，谢谢你。把糖放在盘子里一起拿过来好吗？我想自己加糖。

1. 听录音，选择正确答案

　　（1）如果咖啡好了，客人在牌子上可以看见什么？（B）

　　（2）大卫帮玛丽做什么？（C）

2. 再听一遍录音，根据提示问题与词语复述这段对话

综合练习

15-15

一、根据提示词语，复述听到的短文

　　大卫和玛丽一起去学校周围的一家咖啡厅，他们想在那儿一起复习，准备考试。玛丽觉得这家咖啡厅环境很好，又安静又舒服，而且那儿的音乐也很让人放松，所以玛丽越来越喜欢那儿了。但是让玛丽感到奇怪的是，这家咖啡厅没有服务员，所以玛丽不知道怎么点咖啡。大卫告诉玛丽，用手机扫一下儿贴在桌子上的图片，就可以点咖啡了。这样不但方便，而且还可以便宜百分之五。咖啡好了的时候，在一个牌子上可以看到桌子上的号码，自己去取就可以了。玛丽觉得现在的生活真是越来越方便了。

第 16 课

母校聚会

听说词语

一、听录音，把下面词语的拼音写完整，标好声调，并大声朗读

16-2

1. mǔxiào（母校）
2. jùhuì（聚会）
3. biànhuà（变化）
4. gǎnjué（感觉）
5. bì yè（毕业）
6. lí kāi（离开）
7. yuánlái（原来）
8. kuàilè（快乐）
9. mòshēng（陌生）
10. shúxi（熟悉）
11. huíyì（回忆）
12. rìzi（日子）
13. yǒu kòngr（有空儿）
14. wánquán（完全）
15. tǎolùn（讨论）
16. gòngtóng（共同）
17. huàtí（话题）
18. jiànshēnfáng（健身房）
19. guàng（逛）
20. xiàoyuán（校园）
21. duànliàn（锻炼）
22. shēngrì（生日）
23. céng（层）
24. fùzé（负责）
25. ānpái（安排）
26. jìhuà（计划）
27. liáo tiānr（聊天儿）
28. chúle（除了）

二、把听到的词语写在相应的图片下面，并大声朗读

16-3

健身　　聚会　　生日　　校园

答案：1. 校园　　2. 健身　　3. 聚会　　4. 生日

91

听说短语

一、听录音，把下面的短语补充完整，并大声朗读

16-4

1. <u>在网上</u>讨论
2. <u>一</u>有空儿<u>就</u>去图书馆
3. <u>比</u>以前胖<u>多了</u>
4. <u>找到</u>话题
5. 毕业<u>以后</u>
6. <u>锻炼身体</u>
7. <u>安</u>排聚会
8. <u>回忆大学的生活</u>
9. <u>讨论聚会的时间</u>
10. <u>陌生</u>的感觉

二、跟着录音大声朗读下面的短语

16-5

1. 参加聚会　　好久不见　　在校园里逛逛　　坐在沙发上看书
2. 完全不一样　　环境不太好　　感觉有些陌生　　有点儿担心

三、听录音，把下面的句子补充完整，并大声朗读

16-6

1. 明年是母校100岁生日，我很想<u>参加聚会</u>。
2. <u>好久不见</u>，你好吗？
3. 我们一边聊天儿，一边<u>逛逛校园</u>吧。
4. 我最喜欢<u>坐在</u>图书馆里的<u>沙发上看书</u>。
5. 我现在的生活和以前的<u>完全不一样</u>了。
6. 这所学校的<u>环境不太好</u>。
7. 刚见面的时候，我<u>觉得有些陌生</u>。
8. <u>别担心</u>，大家会越来越熟悉。

听说句子

一、听句子，选择正确的回答，把答案填在括号里

16-7

1. （A）你也来参加聚会了？
2. （C）北京的变化真大啊！
3. （B）上大学的时候，你最喜欢做什么？
4. （C）现在你还每天跑步吗？

5.（A）大家有没有共同的时间？

二、听句子，连线

16-8
1. 一回到母校，就会有种熟悉的感觉。
2. 我一有空儿，就会去图书馆看书。
3. 除了周末以外，我很少锻炼身体。
4. 明年是母校的100岁生日，我们再一起回来吧。
5. 毕业以后，我经常回忆上大学时的生活。

三、跟着录音大声朗读下面的句子

16-9
1. 我很好。你呢？
2. 星期六比较好，来的人会多一些。
3. 别担心，大家会找到共同的话题的。
4. 毕业以后，我就去上海了。
5. 对，你看，图书馆还是原来的样子。
6. 我最喜欢在图书馆四层看书。
7. 除了周末以外，我别的时间很少锻炼。
8. 北京的变化太大，我也觉得有些陌生了。

四、回答录音中的问题

16-10
1. 好久不见，你最近好吗？
2. 毕业以后，你去哪儿了？
3. 你对北京熟悉吗？
4. 这儿是图书馆吧？
5. 你喜欢在图书馆几层看书？
6. 现在你经常锻炼吗？
7. 我想安排一个大聚会，你觉得哪天比较好？
8. 大家见面后会不会觉得有些陌生？

听说一段话

听录音，做练习

[第一段录音] 回到母校

杨丽：李军，你也来参加聚会了？

李军：哦！杨丽，是你啊，好久不见！

杨丽：毕业以后，我就离开北京了。这次回来，觉得北京的变化好大啊！

李军：我也有这种感觉。对我来说，现在北京好像一个陌生的城市。

杨丽：是啊，但是一回到母校，就会有种熟悉的感觉。

李军：对啊。我经常回忆上大学时的生活。

杨丽：我也是。那时候的日子真快乐！

1. 听录音，选择正确答案

（1）李军和杨丽来这儿做什么？（D）

（2）李军觉得什么很陌生？（B）

2. 再听一遍录音，根据提示问题与词语复述这段对话

[第二段录音] 去图书馆

李军：我们在校园里逛逛吧。

杨丽：好啊！那儿是图书馆吧？

李军：嗯，是啊！还是原来的样子。

杨丽：我记得我们上学的时候，你一有空儿就去图书馆看书。

李军：是啊。我很喜欢在那儿看书。我最喜欢四层，那儿有沙发，阳光好的时候在那儿看书真是太舒服了！

杨丽：我记得图书馆里还有一个咖啡厅，对吗？

李军：是啊，好像在一层。

杨丽：对。我记得我经常一边喝咖啡，一边看书。

1. 听录音，选择正确答案

（1）李军最喜欢在图书馆的几层看书？（D）

（2）杨丽经常一边做什么，一边看书？（C）

2. **再听一遍录音，根据提示问题与词语复述这段对话**

[第三段录音] 现在的生活

杨丽：李军，你现在还像上大学的时候那样每天晚上跑步吗？

李军：现在的生活和以前完全不一样了，现在没有时间跑步啊。

杨丽：我也是，工作太忙。除了周末以外，没有时间锻炼身体。

李军：是啊，现在很少锻炼，我都比以前胖多了。

杨丽：如果有空儿还是得去健身房。你家附近有没有健身房？

李军：我家附近有一家，但是环境不太好，还非常贵，所以我也不太想去。

1. **听录音，选择正确答案**

（1）现在李军什么时候跑步？（D）

（2）周末杨丽会做什么？（A）

（3）李军家附近的健身房怎么样？（D）

2. **再听一遍录音，根据提示问题与词语复述这段对话**

[第四段录音] 相约下次的聚会

杨丽：明年是母校的100岁生日，我们再一起回母校吧。

李军：好啊！你负责安排一个大的聚会吧，让更多的同学回来。

杨丽：我们可以早点儿在网上讨论聚会的计划。

李军：行。但是我担心大家没有共同的时间。

杨丽：如果是星期六，能来的人应该比较多。

李军：不过我有点儿担心，这么多年过去了，大家见面后会不会感到有些陌生？

杨丽：别担心，大家一定有很多共同话题。

1. **听录音，选择正确答案**

（1）李军和杨丽想下次什么时候再回母校？（A）

（2）他们为什么想把聚会的时间安排在星期六？（B）

2. 再听一遍录音，根据提示问题与词语复述这段对话

综合练习

一、根据提示词语，复述听到的短文

李军和杨丽是大学同学。杨丽毕业以后就离开了北京，她这次回来参加聚会的时候，觉得有些陌生。可是她一回到母校，就有种熟悉的感觉了。杨丽见到了李军，她和李军一起回忆起大学的生活。杨丽记得，李军喜欢去图书馆看书，李军常常去四层，因为他喜欢四层的沙发和阳光。而杨丽经常去一层的咖啡厅，她喜欢一边喝咖啡，一边看书。李军上大学的时候，每天晚上都跑步，可是现在除了周末以外，李军很少锻炼身体。杨丽和李军打算明年母校100岁生日的时候，安排一个大聚会，让更多的同学都回来。杨丽觉得大家见面以后不会感到陌生，因为大家一定有很多共同话题。

第 17 课　　我的假期

听说词语

一、听录音，把下面词语的拼音写完整，标好声调，并大声朗读

1. dāi（待）
2. shěng（省）
3. liánzhe（连着）
4. nándé（难得）
5. tòngkuai（痛快）
6. lǚxíng（旅行）
7. kǒngpà（恐怕）
8. kěndìng（肯定）
9. xiànmù（羡慕）
10. zhìdìng（制订）
11. kàojìn（靠近）
12. jiāxiāng（家乡）
13. rìchū（日出）
14. wánměi（完美）
15. huángjīnzhōu（黄金周）
16. kāi wánxiào（开玩笑）
17. Shí-Yī（十一）
18. jiàqī（假期）
19. nánfāng（南方）
20. liǎojiě（了解）
21. huàn（换）
22. hǎibiān（海边）
23. duōme（多么）
24. hǎowánr（好玩儿）

听力文本及参考答案

 二、把听到的词语填到表中相应的位置，并大声朗读

17-3　　黄金周　　山东　　上海　　好玩儿　　海南　　完美

答案：

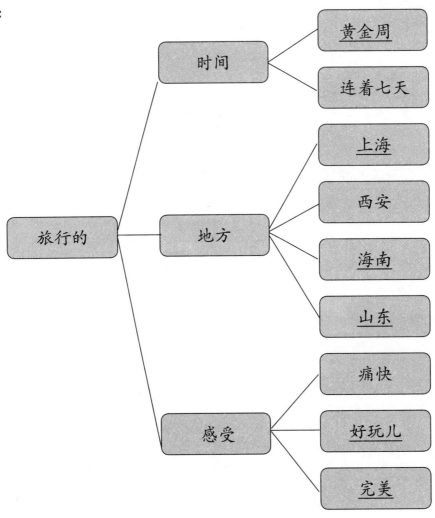

听说短语

 一、听录音，把下面的短语补充完整，并大声朗读

17-4
1. <u>放</u>三天假
2. <u>连着</u>待七天
3. <u>走遍</u>中国
4. 玩儿<u>个</u>遍
5. <u>做</u>准备
6. 山东<u>离</u>北京不远
7. 山东<u>靠近</u>海边
8. 时间不<u>够</u>
9. 去<u>过</u>北京
10. 可<u>得</u>放松一下儿

98

第17课　我的假期

二、跟着录音大声朗读下面的短语

17-5

1. 难得的假期　　痛快地玩儿　　放松一下儿
   连着放七天假　走遍中国　　　玩儿个遍
2. 制订旅行计划　一方面　　　　另一方面
   靠近海边　　　看日出　　　　完美的计划

三、听录音，把下面的句子补充完整，并大声朗读

17-6

1. 我想去旅行，<u>放松一下儿</u>。
2. 我会<u>制订</u>一个旅行计划。
3. 我想去<u>靠近海边</u>的地方旅行。
4. 周末了，我要<u>痛快地玩儿一下儿</u>。
5. 从十月一号到十月七号，<u>连着放七天假</u>。
6. 对上班的人来说，黄金周是<u>难得的假期</u>。
7. 我们的计划<u>太完美了</u>！
8. 我打算走遍中国，<u>一个省一个省地看</u>。
9. 我们应该去山东旅行，<u>一方面</u>，那儿不太远，<u>另一方面</u>，那儿有很多好玩儿的地方。

听说句子

一、听句子，选择正确的回答，把答案填在括号里

17-7

1. （B）假期你打算做什么？
2. （C）假期你想去哪儿？
3. （B）黄金周放几天假？
4. （A）你的计划是什么？
5. （B）西安是个好地方，我们去那儿吧。

二、把听到的句子的序号填到相应的图片下面，并大声朗读

17-8

1. 我想去靠近海边的地方旅行。
2. 明天早上我要在山上看日出。

3. 我打算走遍中国，把中国所有的地方玩儿个遍。

4. 孔子的家乡在山东。

答案：（1） 2   （2） 1   （3） 4   （4） 3

三、跟着录音大声朗读下面的句子

1. 我想去中国的南方看看。

2. 我们可以十月一号出发，七号回来。

3. 我们应该先制订一个旅行计划。

4. 从十月一号到十月七号，连着放七天假。

5. 去那儿可以了解中国的历史。

6. 好主意！一个人旅行，太没意思了。

7. 一方面，那儿离北京不太远；另一方面，那儿靠近海边。

8. 在青岛待三天，最后一天早点儿回来。

9. 恐怕时间不够你一个省一个省地看，一个地方一个地方地走。

四、回答录音中的问题

1. 今年的十一黄金周，你们什么时候放假？

2. 旅行以前，我们应该做什么准备？

3. 你的旅行计划是什么？

4. 我打算走遍中国，你觉得怎么样？

5. 你觉得去西安怎么样？

6. 你为什么想去山东？

7. 我们一起去旅行，怎么样？

8. 我们哪天出发？哪天回来？

9. 你想怎么安排这七天假期？

第 17 课　我的假期

听说一段话

听录音，做练习

[第一段录音] 黄金周

安娜：大卫，十一黄金周马上就要到了，你打算出去玩儿吗？

大卫：当然出去玩儿！这么难得的假期，我可得痛快地玩儿一下儿！

安娜：是啊，最近太累了，我也要好好儿放松一下儿。

大卫：十一黄金周放七天假，对吗？

安娜：对。从十月一号到十月七号，也就是从星期一到星期日，连着放七天假。

大卫：那我现在就可以开始做旅行的准备工作了！

1. **听录音，选择正确答案**

（1）十一黄金周学校放几天假？（C）

（2）安娜为什么要出去玩儿？（B）

2. **再听一遍录音，根据提示问题与词语复述这段对话**

[第二段录音] 大卫的旅行计划

安娜：大卫，这么长的假期，你想去哪儿？

大卫：我打算走遍中国，把中国所有的地方玩儿个遍。

安娜：这肯定不行，你恐怕只能去两三个地方。虽然七天时间很长，但是这七天还不够你一个省一个省地看，一个地方一个地方地走。

大卫：我和你开玩笑的。安娜，你的计划是什么？

安娜：我要去中国南方，比如上海、广州和海南。

大卫：你要去的地方也很多！

1. **听录音，选择正确答案**

（1）安娜认为七天的假期能去几个地方？（B）

（2）安娜没计划去哪儿玩儿？（D）

2. 再听一遍录音，根据提示问题与词语复述这段对话

[第三段录音] 两个人的旅行计划

安娜：大卫，你找到和你一起旅行的人了吗？

大卫：还没有呢。

安娜：我也还没找到。一个人旅行没有意思，我们一起去吧。

大卫：好啊！你去过那么多地方，我很羡慕你，跟你一起旅行一定很有意思。

安娜：那我不去南方了，我们一起制订旅行计划吧。你想去哪儿玩儿？

大卫：去西安怎么样？可以了解很多中国文化。

安娜：那儿真不错，可是我去过了，我们换个地方吧。我听说山东省是个好地方，我们去那儿吧。

大卫：这个主意不错。一方面山东离北京不太远；另一方面，山东靠近海边，有很多好玩儿的地方。

1. 听录音，选择正确答案

（1）安娜为什么不想一个人旅行？（A）

（2）安娜和大卫想去哪儿玩儿？（C）

（3）山东省在哪儿？（D）

2. 再听一遍录音，根据提示问题与词语复述这段对话

[第四段录音] 旅行的时间

安娜：大卫，我在网上查了，我们可以去孔子的家乡、泰山和青岛。

大卫：我们哪天出发？哪天回来？

安娜：我们可以九月三十号出发，十月六号回来，连着玩儿七天。

大卫：你喜欢爬山，我们可以在泰山待三天。

安娜：可以啊，我们可以在泰山上住一天，早上看日出。

大卫：你喜欢海边，我们也在青岛待两天吧。

安娜：这太好了！听说青岛的风景很漂亮。

大卫：好！那就是在孔子的家乡待一天，然后在泰山待三天，在青岛待两天，最后一天早点儿回来。多么完美的计划啊！

第17课 我的假期

1. 听录音，选择正确答案

    （1）安娜和大卫打算哪天出发？（C）

    （2）安娜和大卫计划在青岛待几天？（B）

2. 再听一遍录音，根据提示问题与词语复述这段对话

综合练习

一、根据提示词语，复述听到的短文

十一黄金周马上就要到了。大卫和安娜最近都很累，所以他们打算去旅行，痛快地玩儿一下儿。十一黄金周从十月一号到七号，连着放七天假。因为大卫和安娜都还没找到和自己一起旅行的人，所以他们想一起去。大卫打算去西安，可是安娜去过了，所以他们打算去山东省看看。一方面，那儿离北京不太远；另一方面，山东靠近海边，有很多好玩儿的地方。大卫和安娜计划九月三十号出发，在孔子的家乡待一天，在泰山待三天，在青岛待两天，最后一天早点儿回来。他们都觉得这是个非常完美的计划。

去打工

听说词语

一、听录音，把下面词语的拼音写完整，标好声调，并大声朗读

18-2

1. fēi……bùkě（非……不可）
2. zhāopìn（招聘）
3. dǎ gōng（打工）
4. diǎnxin（点心）
5. xìnxīn（信心）
6. jīngyàn（经验）
7. yōudiǎn（优点）
8. céngjīng（曾经）
9. miànshì（面试）
10. tóngshí（同时）
11. shuài（帅）
12. zhēnzhèng（真正）
13. chōu kòngr（抽空儿）
14. yuànyì（愿意）
15. yǐngxiǎng（影响）
16. biǎoxiàn（表现）
17. jiǎnlì（简历）
18. kǒu（口）
19. cónglái（从来）
20. bèi（被）

二、把听到的词语写在相应的图片下面，并大声朗读

18-3

点心　　招聘　　简历　　打工

答案：1. 招聘　　2. 点心　　3. 打工　　4. 简历

三、把听到的词语填到表中相应的位置，并大声朗读

18-4

面试　　优点　　名字　　专业　　学校　　照片

答案：

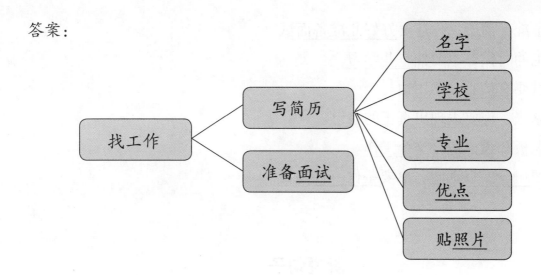

听说短语

一、听录音，把下面的短语补充完整，并大声朗读

18-5

1. 做<u>点</u>心
2. <u>贴</u>照片
3. <u>非</u>学习几年<u>不可</u>
4. <u>立</u>着一块牌子
5. <u>表现</u>出最好的自己
6. 学得快<u>得很</u>
7. 一<u>口</u>饭
8. 一<u>些</u>问题
9. 一<u>张</u>照片
10. 一<u>块</u>牌子
11. 一<u>份</u>简历

二、跟着录音大声朗读下面的短语

18-6

1. 做点心　　　　　有信心　　　　　非努力不可
   工作经验　　　　贴照片
2. 写上你的优点　　准备面试　　　　适合这个工作
   表现出真正的自己　对我来说　　　抽空儿写作业

三、听录音，把下面的句子补充完整，并大声朗读

18-7

1. 我想<u>去咖啡厅打工</u>。
2. 学会<u>做点心</u>不容易。
3. 如果想成功，<u>非努力不可</u>。
4. 简历上应该<u>写上你的优点</u>。

5. 除了准备简历，你还要好好儿准备面试。

6. 打工的时候，也要抽空儿学习。

7. 面试要有信心，不用怕。

8. 别紧张，你要表现出真正的自己。

9. 让老板知道你适合这个工作。

10. 饭要一口一口地吃，事要一件一件地做。

听说句子

一、听句子，选择正确的回答，把答案填在括号里

1. （A）我想去咖啡厅打工。
2. （B）学会做点心不容易，非学习几年不可。
3. （B）你不适合这个工作，因为你没有工作经验。
4. （B）你为什么要找这个工作？
5. （A）我想学汉语、做中国菜、写书法，了解中国文化。

二、把听到的句子的序号填到相应的图片下面，并大声朗读

1. 咖啡厅门口立着一个牌子。
2. 大卫想学习做点心。
3. 面试时，会问你一些问题。
4. 简历上应该写上你的名字和专业。

答案：（1）<u>3</u>　　　（2）<u>2</u>　　　（3）<u>1</u>　　　（4）<u>4</u>

三、跟着录音大声朗读下面的句子

1. 我正在找工作。
2. 你应该准备一份简历。
3. 学校里的咖啡厅在招服务员。
4. 只有试试，才知道结果怎么样。
5. 在那儿打工挺不错的，可以学习做咖啡和点心。
6. 想做好点心，非学习几年不可。

7. 简历上应该写上你的名字、毕业学校、专业和优点。

8. 面试的时候你别紧张，要表现出最好的自己。

四、回答录音中的问题

1. 最近你在忙什么呢？
2. 你知道哪儿招人吗？
3. 你觉得去咖啡厅打工怎么样？
4. 做点心容易吗？
5. 找工作以前，我应该准备什么？
6. 简历上应该写什么？
7. 我应该怎么准备面试？
8. 你为什么想来试试？

听说一段话

听录音，做练习

[第一段录音] 找工作

大卫：玛丽，我想去咖啡厅打工。

玛丽：前几天我看到学校的咖啡厅门口立着一个牌子，上面写着"招聘"，大卫，你可以去那儿看看。

大卫：那家咖啡厅不错，在那里不但可以学习做咖啡，还可以学习做点心。

玛丽：学习做点心可不容易。要是想做好点心，非学习几年不可。

大卫：虽然需要很长时间，但是我有信心成功。

玛丽：等你成功的时候，别忘了让我尝尝你的点心。

1. 听录音，选择正确答案

（1）大卫为什么想去学校的咖啡厅打工？（D）

（2）玛丽觉得做什么不容易？（B）

2. 再听一遍录音，根据提示问题与词语复述这段对话

[第二段录音] 写简历

大卫：我从来没做过这样的工作，是不是不容易成功？

玛丽：你没有工作经验，但是你学东西快得很。

大卫：对对对，我应该把这个优点写在简历里。

玛丽：对！你要写一份简历。

大卫：简历上应该写什么？

玛丽：应该写上姓名、毕业学校、专业，当然还有你的优点。

大卫：我曾经听老师说过，中国的简历要贴照片。

玛丽：是啊，快去找一张帅一点儿的照片吧。

1. 听录音，选择正确答案

（1）大卫的优点是什么？（C）

（2）简历上不用写什么？（B）

（3）大卫听老师说，简历上应该有什么？（C）

2. 再听一遍录音，根据提示问题与词语复述这段对话

[第三段录音] 准备面试

玛丽：大卫，除了写简历以外，你还要准备面试。

大卫：我知道面试的时候，会被问一些问题。可我不知道他们问什么，怎么准备啊？

玛丽：经常会问的问题是"你为什么要找这个工作""你觉得你为什么适合这个工作"等等。

大卫：这些问题听起来不难，但如果想回答得好，也不太容易。

玛丽：是啊，最好能表现出真正的自己。

1. 听录音，选择正确答案

（1）除了简历以外，大卫还要准备什么？（C）

（2）下面哪个不是玛丽认为的面试的时候经常问的问题？（A）

2. **再听一遍录音，根据提示问题与词语复述这段对话**

[第四段录音] 打工和学习

大卫：玛丽，你觉得一边打工，一边学习怎么样？

玛丽：我以前这样做过。我觉得打工挺好的，只是有点儿影响学习。

大卫：每天只工作两三个小时，不会太影响学习吧？

玛丽：中国有句话，"饭要一口一口地吃，事要一件一件地做"，对我来说，同时做好两件事情太难了。

大卫：我可以抽空儿写作业、复习。我觉得只要我愿意花时间，就可以做好。

玛丽：嗯，每个人的习惯不一样，你可以去试试看。只有去做了，才知道结果怎么样。

1. **听录音，选择正确答案**

（1）玛丽为什么不一边打工一边学习？（ C ）

（2）对玛丽来说，什么太难了？（ D ）

2. **再听一遍录音，根据提示问题与词语复述这段对话**

综合练习

一、根据提示词语，复述听到的短文

大卫想去学校的咖啡厅打工，因为那儿不但可以学习做咖啡，还可以学习做点心。虽然学会做点心不容易，需要很长时间，但是大卫有信心成功。去咖啡厅找工作以前，大卫要准备一份简历。简历上应该写上名字、毕业学校、专业和优点，还应该贴一张照片。玛丽告诉大卫，他还要准备面试。面试的时候，会被问一些问题。经常被问的那些问题听起来不难，但是要回答好也不太容易，要表现出真正的自己。玛丽觉得一边打工一边学习会影响学习，同时做好两件事很难。大卫不这么认为，他觉得只要愿意花时间，就可以做好。他可以抽空儿写作业、复习。玛丽希望大卫去试试看，因为只有去做了，才知道结果怎么样。